出国礼仪

第二版

靳斓 / 著

中国经济出版社
CHINA ECONOMIC PUBLISHING HOUSE
北 京

图书在版编目（CIP）数据

出国礼仪 / 靳斓著 . —2 版 .
北京：中国经济出版社，2018.5
ISBN 978-7-5136-5221-6

Ⅰ . ①出… Ⅱ . ①靳… Ⅲ . ①礼仪—基本知识 Ⅳ . ① K891.26

中国版本图书馆 CIP 数据核字（2018）第 097644 号

责任编辑　陈　瑞
责任印制　马小宾
封面设计　任燕飞工作室

出版发行　中国经济出版社
印 刷 者　北京富泰印刷有限责任公司
经 销 者　各地新华书店
开　　本　710mm × 1000mm　1/16
印　　张　22
字　　数　233 千字
版　　次　2018 年 5 月第 2 版
印　　次　2018 年 5 月第 1 次
定　　价　49.00 元
广告经营许可证　京西工商广字第 8179 号

中国经济出版社　**网址** www. economyph. com　**社址** 北京市西城区百万庄北街 3 号　**邮编** 100037
本版图书如存在印装质量问题，请与本社发行中心联系调换（联系电话：010-68330607）

PREFACE 前言

从马尔代夫的沙滩到阿尔卑斯的雪山，从耶路撒冷的哭墙到玛雅文明的圣坛，中国人的足迹遍及七大洲，欣赏世界的精彩。

从出使西域的张骞到东渡日本的鉴真，从西天取经的玄奘到七下西洋的郑和，千百年来，中国人走出国门，世人也同样在感知中国、了解中国。

如今，出国成了平常事，出国人数每年都在增长。2014 年出境人数首次突破 1 亿人次大关，达 1.09 亿人次，比十年前增长近 4 倍；2015 年我国出境 1.17 亿人次，2016 年出境 1.22 亿人次。而来自国家教育部的消息，2016 年度我国仅出国留学人员总数就达 54.45 万。

如此庞大的出国队伍遍布世界各个角落，随之而来的是国人在海外不文明现象层出不穷。

很多人习惯以自我为中心，将平时的一些陋习带出国门，所以难免会出现让人侧目的各种不文明行为。从埃及神庙石刻上出现的“某某某到此一游”到泰国清迈某寺庙因为卫生问题禁止中国人进入，在飞机上用热水泼空姐，再到中国游客脚踢泰国寺庙铜钟，都是种种具体表现。

个人文明素质，是关系国家形象的一件大事。这些不文明行为，频频引发境外媒体的关注和批评，甚至不断出现“禁止中国游客入内”的事件。

同时，有些不文明行为还和不了解当地风俗、漠视当地法规有关。

国人素来提倡“嘴甜好办事儿”，但在国外，这不一定是好事儿。在一些人看来是“自由天堂”的美国，对职场性骚扰的规定也极为严格。曾经就发生过中国人“嘴太甜”而招来祸端的案例：一名国人因习惯以“美女”“美眉”“girls”称呼女同事，被投诉性骚扰而致警方介入。

而且，在世界各地普遍的情况是，华人相对不容易融入当地的主流社会，主要原因往往是对当地的风俗文化、社会生活做旁观者甚至置若罔闻，只管“闷声发大财”。这些都不利于创造融洽的交往氛围，更难以真正赢得好感和尊敬。

“习惯成自然”“礼仪体现细节，细节体现素质”。在国外暴露出来的种种不文明行为，反映出我国现阶段公民整体文明素质还有待提高。

“私德不修，祸及社会。”有识之士早就指出，要从根本上提升出国公民的文明素质，必须从教育上抓起。

我们在看世界的同时，世界也通过我们在看中国。一旦走出国门，每个人都是国家的“名片”，都是中国形象的代言人。在外国人面前我们代表中国，应体现出中华民族礼仪之邦、文明古国的应有风范。对有损国格、违背公德的不文明现象坚决说“不”，向世界展示文明中国、礼仪之邦的自信和风采。

在常年的礼仪培训工作中，我发现大多数出国人员对国际礼仪和禁忌都不甚了解，即使长期在国外留学或工作的国人往往也是如此。同时，近年来不断发生的国人在国外失礼、失格事件，也促使我下决心撰写一本出国礼仪的图书。

本书从出国旅游、留学或工作的视角，以简单、实用为原则，介绍了一些礼仪知识和国际惯例，还提供了中国驻各国大使馆的联系电话。希望对出国者起到一定的借鉴作用。

文明是最美的风景。文明出国，从我做起，争当中国的文明大使，做有礼、有节、有自信，受欢迎的中国人！

2018 年 2 月于北京

CONTENTS 目录

第一课

我的形象就是国家尊严

THE
FIRST LESSON

他山之石

2013年5月24日晚上的一则微博，很快充斥了国内的各大媒体。

24日晚上11点多，一则微博称在埃及卢克索神庙的浮雕上，看到了“××× 到此一游”几个汉字。“我们试图用纸巾擦掉这羞耻，但很难擦干净，这是三千五百年前的文物呀。”随后，网络上对此行为一致声讨、批判。出于压力，几天后刻字者的父母出面郑重道歉，此事才算告一段落。

国务院在2013年召开的贯彻实施《中华人民共和国旅游法》（以下简称《旅游法》）电视电话会议上，国务院副总理汪洋指出，新颁布的《旅游法》对旅游者的文明行为提出了明确要求，对不文明行为做出了禁止规定。

这部《旅游法》已于2013年10月1日正式实施，其中明确规定：旅游者在旅游活动中应当遵守社会公共秩序和社会公德，尊重当地的风俗习惯、文化传统和宗教信仰，爱护旅游资源，遵守旅游文明行为规范。

“要记住，出去，你就是中国！”针对国人在海外的诸多陋习，不少网友感叹。

在国内，我们似乎可以“熟不拘礼”。但跨出国门，加上不同的风俗乃至法律，他人没有容忍我们不良习惯的义务。所以，应该对出国礼仪做必要了解，使我们的出国成为欣赏美景、增长见识、广交朋友、受人敬重的愉快之旅。

我来自礼仪之邦

中国礼仪文化历史悠久，源远流长。我们常常为生活在“礼仪之邦”而自豪、骄傲。历史上，很多国家都曾对我们的文明趋之若鹜。但近几十年蓦然发现，我们这些“礼仪之邦”的“使者”，在不少外国人眼里竟是不懂礼仪、不讲文明、不尊重他人的人！

中国文明，也称华夏文明，是世界上最古老的文明之一。在独立起源的世界四大古文明中，历经沧桑巨变而从未中断的，只有我们。正是中国文明，使中华民族在几千年的历史长河中，虽然命运多舛，但仍始终屹立在世界民族之巅。

我们知道，“礼”一直都是文明的核心内容之一。

早在先秦，我们就有了一套完备的礼仪。周公的“制礼作乐”、孔子哀叹“礼崩乐坏”，都说明了这一事实。但这时的“礼仪”是以礼乐为核心，是承接天地之命、维护上层建筑。

随着社会的发展，“礼”逐步增加了维护人际关系、规范交往准则，促进了解信任、增进往来合作的作用。《论语》的“不学礼，无以立”，孟子的“仁者爱人，有礼者敬人。爱人者人恒爱之，敬人者人恒敬之”，都是生动的说明。

从民族发展角度来说，礼仪是人类社会生活中合乎礼制的行为规范，它是全体社会成员应该共同遵守的准则。这种规范准则，既有国家有关法律法规明文确定的，也有在社会生活实践中形成的。它既是社会发展和文明的标志，也是约定俗成的人际交往准则，还是文明道德修养的外在表现。礼仪已经成为一个民族程式化的生活状态，是维系文化上共同心理的手段，是民族赖以生存、发展的重要内在力量。

从人际关系的角度来说，礼仪的本意是人格修养意义上的一套行为规则，在于去除散漫、轻纵、放逸、昏沉、懈怠等习气，培养从容、沉勇、威严、稳重、精进等习惯。孔子认为：“恭而无礼则劳，慎而无礼则葸，勇而无礼则乱，直而无礼则绞。”

从国际交往的角度来说，礼仪是一个国家的民族精神、社会发展水平、文明程度的重要标志。礼仪同时是由每一个人来具体展现的。自古以来，我们素以彬彬有礼而著称于世。对于个人，彬彬有礼方能魅力四射。那么在外国人面前，我们每一个人都代表中华民族礼仪之邦的风范和尊严。

新时代，我们的文明社会更需要礼仪风貌。

但现实情况怎样呢？抬眼望去，花枝招展，衣冠不整，着装怪异，五花八门的穿戴不时映入眼帘；侧耳听来，大呼小叫，高声喧哗，污言秽语，嘻嘻哈哈，各种“噪音”回响耳边。这些镜头出现在私下场合那也好说，但总司空见惯地出现在公共场合尤其国门之外，就显得大煞风景了。

为什么有这么多不文明的行为？

或许和我们近百年来，历次冲击中华传统文化与社会秩序的运动及某些不良社会现象有关。但无论怎样，绝不是我们可以不文明的理由，甚至是将各种不文明带出国门、“走向世界”的借口。

我们知道，礼仪修养的形成、塑造，和家庭教育、环境熏陶、文化背景有关。我们承认先天条件的差异，但更强调后天的培养和提高。如果不注意培养和提高我们的礼仪修养，以让人厌恶的形象出现在国外，不仅使我们或国家的形象贻笑大方，还会因此带来不必要的误解和麻烦，从而影响在国外正常的旅行、留学或工作。

出国应有的心态

2015 年 2 月前后，“日本马桶盖”一下成了热门关键词。原因是中国游客跨洋去日本购买马桶盖，还买断了货。国内、日本媒体，甚至其他国家的媒体纷纷热议。购买者说，他们就是冲着日本马桶盖的质量、功能去的，即使携带多么不方便，也要搬回来！甚至大米、电饭锅，都从日本往回搬。但剧情随后的发展让人大跌眼镜。很多在日本卖到断货的马桶盖，竟然都是“Made in China”，甚至国内款还有日本款所没有的防潮功能。“兜了一大圈，买到的居然还是自家门前生产的东西，那不是等于当了回人肉搬运工。”

之前的2013年，美国旅游协会主席罗杰·道竟称中国游客是“会走路的钱包”，每个人最后都是拉着装满美国货的行李箱回中国。

对于中国游客，不少国家似乎怀着又爱又恨的矛盾心态。爱的是中国人腰包里的钱，恨的是部分国人的低素质影响了当地人的安宁生活。

部分国人不理智的消费行为及不得体的举止行为，往往都有一个不正确的心态使然。无论是旅游、留学还是工作，我们应该以怎样的心态对待出国之后的所见所闻，并且给自己的举止行为起到指导作用呢？

学习心态

出国，很多都是为了增长见识。所以，对于与我们不同的地方、优秀于我们的地方，应有一颗学习的心态，而不只是盲目崇拜或跟风。只要有一颗学习的心态，才有可能师夷长技、为我所用，才能达到出国见识的基本目的。要知道，任何国家的发达，总有一定原因，且总有一个长期的发展过程，谁都不是天生就是优秀、哪个地区不可能一出现就是发达的。我们只有看到人家长处，心向往之，并学习，从而将我们自身的不足之处改掉，才可能更有益于我们自己、我们的国家。

求同存异

出国总有一定目的：旅游、留学或工作。在异国他乡首先要有求同存异的心态。所谓异国他乡，必然有人家自己的传统、文化、语言，肯定和国内有差别。即使是我们认为“熟悉”的新加坡，也是如此。对于和我们的不同之处，无论我们认为好还是不好，首先做到的就是存异基础上的求同，这才是愉快交往的基础。动不动就指手画脚、表现不屑或受宠若惊，都是不正确的。

不可能任何国家、任何地区、任何事物都比我们好。遇到认为不如我们的，以一份尊重的心态看待就好，没必要也不应盲目自大甚至嘲笑，“存在的，就是合理的”。

不要盲目崇拜

习近平同志在庆祝中国共产党成立95周年大会上提出“四个自信”时强调“文化自信，是更基础、更广泛、更深厚的自信”。还明确指出：“当今世界，要说哪个政党、哪个国家、哪个民族能够自信的话，那中国共产党、中华人民共和国、中华民族是最有理由自信的。”

走出国门，我们更需要有这种文化自信，而不是盲目崇外。

很多人出国旅游或留学，带着盲目崇拜的心理，无论是物质层面还是制度层面，只了解皮毛的情况下就人云亦云，觉得国外的月亮就是圆，什么都比国内好。

电影《战狼2》中，在非洲开了小卖店的商人钱必达，太平时期以当地人自居，不承认自己是中国人，做着连同胞都坑的超市生意。可当叛军开始在他的超市肆无忌惮的杀人，得知去大使馆可以求生时，他又信誓旦旦地宣称自己是中国人，如何的爱国。这一反转喜剧效果十足，但在某种程度上也代表了个别在海外发展的国人的真实心态。

特别是国外的各种物品大量往回买，送给亲朋好友，并以此洋洋自得。客观地讲，国外个别物品或许确实比国内同类的品质好些。有些奢侈品由于关税等因素，也确实比国内便宜。购物无可厚非，但不一定什么都往回买，国外现在也并非都比我们强。而且那样不分青红皂白地狂买，换来的并不是尊重，而是“上车睡大觉，下车掏钞票”式“钱多人傻”的暴发户标签。

很多人有过这样的尴尬经历：从国外回来的同事或亲戚朋友，兴冲冲地送给自己一个精美的洋货。当时受宠若惊地连声道谢。一路像捧着宝贝似的回家，小心翼翼地打开一看就傻眼了：在不起眼的地方赫然印着：Made in China。（如图 1-1 所示）

批判接收心态

在国外接收到的信息，尽可能做一番过滤，看到的不一定是真的或只是片面的。很多国家倡导言论自由，但有些所谓的自由言论，往往戴着有色眼镜，是为达到一定目的，而不一定都是表达客观立

图 1-1　不要盲目崇外

场。所以，接触到的信息应有去伪存真的判断，至少有批判接收的意识，而不是盲目迷信。

批判接收，还要注意有保密意识，特别是事关单位机密、国家机密。

不要搞特例

很多人觉得我在国外就是外宾，或自己在国内是什么身份或级别，就应特例。这可能是部分国人在国内的一些不健康的思维。很多国家没有接收这些不良思维的土壤，所以无论是外国人还是本国人，在习俗、法律面前没有特例，更不能用一些不健康的思维来处理那些特殊事件，否则甚至给自己带来更大的麻烦。

几年前，一位留美学生因为性侵女房东而被抓，其父母赶赴美国，私下“劝说”对方，建议对方改变口供以换取报酬，结果也一起被抓。

《广州日报》曾报道过美国一名18岁少年在新加坡受到鞭刑处罚，即使当时的美国总统克林顿出面求情也无济于事。

所以，走出国门，就不要想着特殊化，凡事必须按规矩来，尊重他人、尊重风俗、尊重法律。

注意心理落差

这种情况是特别对于出国留学或工作的人而言。很多人把出国想象成进天堂，觉得只要到了国外，什么都无比美好，什么都会迎刃而解。很多人出国后才发现：气候、饮食、语言、生活习惯、人际关系，都是如此不同，一切都成了问题。于是产生强大的心理落差，还因此影响了在国外的留学或工作。甚至有人总结了“出国三个月，是一道坎”的规律，适应了，就 OK 了。

出国旅游、留学或工作，必须有这样的心理准备。特别是工作或留学，除了能独立生活，包括从生病去医院到洗衣服做饭之外，还要有足够适应力，尽快融入当地人当中，而不只是整天把自己关在房间或只和中国人这个小圈子打交道。同时，还要从感情上学会忍受思念、孤独，甚至白眼。要摆正心态：出国不是去享受，一开始有落差在所难免。对于旅游而言，并不是所有国外的东西一定比国内的好，比国内的方便，应做好各方面准备。

我就是中国形象

有礼有节无论在哪儿都受欢迎。虽然个别国人往往被认为是破坏当地规矩、不讲礼仪的常客，有时出现不礼貌举止的也会是其他国家的人。但我们不能因此不自省而沾沾自喜，“恨人无，笑人有”。我们首先管好并做好自己，以自己的行为表现出礼仪之邦应有的自信、风度。毕竟，一旦走出国门，每一个人都代表中国，所以必须时时处处都有“我就是中国形象”的意识。

尊重当地风俗

一个地方的风俗，往往承载人们千百年来的人文、历史，以及对美好、善良的向往，必须无条件尊重。

新华社与腾讯发起网络民意针对“中国游客在国外的一些不文明行为”的调查，排在第一位的就是“不尊重当地风俗”。

这些风俗，或许体现在宗教信仰而形成的行为举止上，或许体现在人际关系上，包括对待子女，或许体现在动作举止上，甚至可能体现在对待宠物的态度上。

据《人民网》2015年1月16日的消息。纽约华人李先生因为替幼女洗澡被纽约市儿童局传召听证。起因在我们看来可能是莫明其妙：曾独自给6岁的女儿洗澡。而2013年10月22日中国新闻网也曾报道过一则消息《华裔男子为10岁女儿洗澡被夺抚养权抵抗警方遭击毙》，让人痛心。

曾风靡一时的电影《刮痧》，也将中外不同风俗习惯带来的冲突，表现得淋漓尽致。

也曾有媒体报道，在非洲的中国务工人员因偷吃了几十只野生乌龟，面临被驱逐出境的情况。一家中国建筑公司的员工偷吃了一只狗，当地工人知道后集体罢工抗议。还有一家建筑公司，刚来的时候附近水库里有好多野鸭，这家公司就把这个水库当作养鸭场，天天来抓鸭子吃，没几个月，鸭子就被吃光了，水面上漂满了野鸭毛，招致当地人的反感、抗议。

有些风俗是由宗教衍生。比如泰国，脚被认为是最低的部位，如果用脚指着某人或某物会被视为极度不礼貌。坐在任何人面前，脚都要随时收好；欧美等国家握手时避免出现十字交叉状；信仰伊斯兰教的地区不吃包括大肉、狗肉、驴肉、马肉、鹰肉、虎肉、兔肉、无鳞鱼及奇形怪状、长相凶猛动物的肉等，禁止喝酒及含酒精的饮料。而开斋节（又叫肉孜节）前，成年、健康的教徒全月封斋，每天从拂晓至日落，禁绝饮食等。

了解法律规定

2015年初，国内某旅游企业发布了《文明旅游行动报告》，通过调查其组织的100多万跟团和自由行出境游客，发现绝大部分出境游客都能自觉遵守文明秩序，恶性不文明事件比例低于万分之一。然而，对于中国规模庞大的出境人数来说，恶性不文明事件即便是万分之一，依然令人忧心。

出国之前，必须做好“功课”，才能让自己的旅途更从容。在异国他乡无论是旅游还是留学、工作，除了文明礼貌之外，还应尊重当地的法律，这是起码的要求。比如，经常有游客因携带违禁品通关、购买野生动物制品等违反当地法律法规的行为而被罚款或监禁。

新西兰实行严格的入境生物检验检疫制度，一切外来水果、植物及种子、生熟食品入关时都需申报，曾有中国游客捎带水果过关，结果被查获并面临高额罚款。

新加坡，公共场所喂鸟、随地吐痰、公共场所小便、吸烟、嚼口香糖、遛宠物、公共交通上吃东西喝饮料、扔垃圾等都是绝对禁止的行为。

而自 2017 年 11 月 1 日起，在泰国海滩抽烟将处以最高约 2 万元人民币，甚至一年监禁。

另外，还要提前了解哪些物品不能带回国，以免花钱买了却带不回来。国家检疫部门提醒，出境游携带物品要注意检疫规定。海参、燕窝（罐头装燕窝除外）、新鲜水果等禁止入境。

至于要去的国家有什么特殊要求，必须提前了解，做到心中有数。

约束自己举止

中国人很多优点被他国人所赞赏，如勤劳、善良，以及不酗酒、不闹事等。但同时被公认的是，不少人也不能很好约束自己的举止，不注意公德。这给自己和家人，也给同行人带来不便，更重要的是太丢国家的脸。

《环球时报》曾有一篇《中国人出国爱占小便宜（说说中国人的陋习）》，引起了很多人的共鸣。某国旅行社张先生的印象中，中国游客“不良记录”可以归为两类。一是外在形象不佳——不修边幅，举止粗鲁，不拘小节。比如休息的时候，如果附近没有可坐的地方，就蹲在那里。有的人用手指蘸了口水点钱、翻看报纸。在餐厅里酒足饭饱后剔牙的动作“很开放”，不仅毫不遮掩，还咬着牙签东张西望；把裤腿撸到膝盖以上，再把“二郎腿”高高跷起……另一种则是没有公德心——不遵守秩序，爱占小便宜。吉隆坡某酒店在中国游客退房后检查客房时，发现饮料都还在冰箱里，好像没有被动过，瓶盖也没有被打开过，但是拿起来，饮料瓶很轻，里面已经空了！

原来瓶底竟有个针孔，饮料通过这个小孔流入了房客的杯子。甚至还时有中国游客退房前把毛巾塞进自己的包里带走。

“爱脱鞋、爱偷看、爱蹲着”是不少国人的“三热爱”。出门在外很辛苦，但也不能随便在公众场合蹲下，会让人误解你在做什么私人的事情。脱鞋也是很让人厌恶的一种举动，尤其是在列车上、机舱里。外国人长得和我们不一样，也许有时候穿着打扮也太过清凉或异类，但也不能因此有了偷瞄他人的理由。他人怎样，不是我们也可以怎样的理由，特别是那些不文明行为。

当然还有大声说话、插队、随地吐痰、乱扔垃圾、不尊重服务人员，用餐时声音太大或浪费，拍照不考虑他人……

不仅是举止言行文明，还应注意讲公德，不要为占便宜而钻空子、耍聪明，那样只会让人反感、被人排斥。

据《新闻晨报》2013年5月24日的报道，为获取酒店为蜜月夫妇准备的一顿免费烛光晚餐，一位老太和她几十岁的儿子假装在度蜜月，而同行的另外好几对游客也都用了假的结婚证，包括一对带着几岁孩子一起“度蜜月”的夫妻……中国游客在马尔代夫的这些行为曝光后，当时引起一片哗然。

遇事冷静处理

在国外必须注意自己的言行，要对自己的行为负责，遇事冷静处理，毕竟身在国外个人的形象已经上升到国家的形象，不做“社会主义巨婴”。

2018年2月1日来自参考消息网：1月30日中午，一段视频开始在社交媒体上热传：乱哄哄的德黑兰机场里，一群中国乘客激动地不断高喊“中国”，引起众多外国人围观，并引发网络上的批评浪潮。不到7天的时间里，这已经是第三起（另两起是日本成田机场、斯里兰卡的科伦坡机场）中国游客在国外机场因航班延误问题引发的风波。

以上三家大使馆处理风波的同时，都通过官网或媒体对中国游客接连发出公开提醒：“理性对待，依法维权”“遇突发情况请理性看待，避免过度维权或卷入不必要的法律纠纷”……

针对中国大使馆的介入让一些中国游客开心地高呼“中国”，这样的行为尽管事出有因，但在国外机场一激动就高喊“中国”或唱国歌同样非常不妥，可能会被外国人误会。

有网友直言，那种情境下听到国歌声响起的一瞬间他感受到的不是“强大祖国”的荣耀，而是被庸俗民族主义绑架的羞辱。媒体也喊话：别动不动在海外自导自演“战狼”续集。“动不动就呼唤祖国帮忙，说是‘社会主义巨婴’，实在也不为过。”

外交部领事司工作人员说：“我们还是呼吁游客，要理性维权。游客在出行之前，还是应该多了解相关情况，要做好必要的前期准备，尽量保持冷静和理性。面对天气原因等不可抗力，出现了行程延误，还请尽量多理解。”

正如一篇媒体评论所说：必须明白的是，大家出门游玩是以个人身份，对自己负责是最起码的认知。国家强大的前提，是个体首先要“强大”……和平年代，中国游客不要动不动在海外自导自演“战狼”续集，这是对爱国主义的扭曲，在爱国之前，请先学会爱自己，更多个体的健全和强大，才能证明祖国是真正的强大。

小提示大道理

从道德角度来看，爱国是对公民的第一位和最起码的道德要求。不爱国，是最大的不道德。

在国外旅行、留学或工作，尊重他国风俗、文化、法律，维护国家的形象和尊严，就是爱国的基本表现。

第二课

入境问禁入国问俗

THE
SECOND LESSON

他山之石

据新华社、腾讯网联合发布的一份“旅行团里，队友的哪种行为最让你脸红？”调查，结果显示，不尊重当地风俗排第一，随后是随地吐痰、无法控制说话的音量、随手丢垃圾、在景点即兴涂鸦、各种插队、大庭广众发脾气、公共场所随意抽烟、吃自助餐浪费食品、照相长时间霸占景点……

在阿拉伯联合酋长国，斋月时几位中国人在大街上边走边吃食物，当地警察警告无效后，将他们扣留并拘留了 1 个月。

在沙特，照相也不被允许，否则会被罚款或者监禁。而且在公共场合，如咖啡馆、商场等地方，男士也不可以穿短裤（必须要遮盖住膝盖）。

在伊斯兰教信仰地区，斋月期间穆斯林在每天开斋前不可以吃喝东西。作为非穆斯林不在此之限，但也不允许在公共场合吃喝，还包括不可以吸烟。即使不在公共场所，当着穆斯林面也不可以。

“百里不同风，千里不同俗。”身在国外一定要了解当地的风俗和禁忌。这是友好交往、避免误解甚至纠纷的重要前提。

正所谓“入境而问禁、入国而问俗、入门而问讳”。只要出国，无论是短期的旅游、访问，还是长期的留学、工作，都要注意风俗禁忌，以避免不必要的误解、麻烦。

尊重隐私包括什么

居住在美国亚凯迪亚高档小区的蔡先生与太太最喜欢“饭后百步走”，散步之余尤其喜欢在漂亮房子前品头论足一番。这个行为在国内无可厚非。但在美国，却引发小区内白人邻居的焦虑，他们惊讶于蔡先生及太太无视他人的隐私，担心他们图谋不轨而最终选择了报警。

围绕尊重隐私的问题，可能是我们在对外交往中最容易让人误解的事情之一了。

国际交往中，人们普遍讲究尊重个人隐私，并且将尊重个人隐私与否，作为衡量一个人是否有教养，是否尊重他人的重要标志之一。他们认为，凡是属于自己的与他人无关的事，他人就无权过问，如果谁蓄意打听，便是侵犯了隐私权。即使去医院看病，医生从来都是单独与病人讨论病情。如果夫妻同在，也要先征得本人同意才可以一起和医生讨论病情。

甚至在美国，对于私人住宅内部活动，如果未经当事人同意，连拍摄照片都被认为是侵犯个人隐私，是非法的。即使站在私宅外面往里面张望也让人反感。美国前第一夫人杰奎琳改嫁希腊船王后，自由摄影师加雷拉利用长焦镜头偷拍杰奎琳在私人住宅的画面及肯尼迪的小孩在私立学校中的镜头。于是法院判决加雷拉的行为构成侵犯个人隐私，判决加雷拉不能近距离接触杰奎琳，必须与杰奎琳保持25英尺以上的距离，而与肯尼迪的小孩保持30英尺以上的距离。

还包括人和人之间的空间距离，条件允许的情况下，尽可能保持一定的距离，不要人挨着人。有一次在华盛顿参观纪念碑，由于旅游的人很多，大家站在一起听导游讲解，一位中国男士可能为了听得更清楚，于是不停往前靠。他每向前一点，前面的美国女士也往前站一点，结果他大概以为是可以往前站，就不停地向前蹭，一直紧贴着那个美国女士，最后那位女士回头对他怒目而视，厌恶地说："Oh，my god！ ... go away！ ..."

还有在银行、售票处或付款处这些地方，应和正在办理业务者保持一米的距离，等他人办理完再走上前，他人在办理事务时不要紧贴着人家站。

私人物品是不允许被"动"的，即使是夫妻之间。收到信件，写着谁的名字，只有本人才有权拆开，除收信人之外的任何人如果拆封，收信人都有权告他侵犯隐私权。

中国人的隐私观念相对比较薄弱，在一起讲究团结友爱、相互关心，所以中国人往往很愿了解、体谅他人的酸甜苦辣，对方也往往愿意坦诚相告。而外国人则非常注重个人隐私，不愿意向他人过多提及自己的事情，更不愿意让他人干预。像中国人第一次见面往往会询问对方的年龄、婚姻状况、儿女、职业，甚至收入，这样的询问在中国人眼里或许是一种关爱，并常常以此为话题拉近距离，但在外国人眼里却认为这侵犯了他们的隐私。

在中国，熟人相遇时往往无所顾忌地说："近来发财了？看你都胖了！""呀，你瘦了，都忙啥了？"人们认为这是在关心他。而在国外如果这么问，即使关系很熟，也会让他们感到尴尬和难以回答，他们认为这样问是极不礼貌的。

与人交往中，以下情况都被视为个人隐私。

私人收入、支出。人们认为收入反映一个人的能力和地位，关系自己的脸面，因而很忌讳他人打听。如果一个人探听他人的收入，则可能有炫耀之嫌。此外还包括个人支出，如纳税数额、银行存款等与收入相关的问题。

年龄大小。外国人无论男女都希望自己永远年轻，永不言老。特别是外国妇女，更忌讳他人知道她的实际年龄。

恋爱婚姻。如果向异性打听婚姻、爱情问题，则难免会被认为别有居心，招来误会。

家庭住址。外国人视自己的私人居所为私生活领地，不喜欢他人干扰。除非至交，否则一般不会邀请外人去自己家里做客。

政见信仰。宗教信仰、政治见解，也都不应作为谈资，即使有高见也应放在自己的肚子里。

身体状况。外国人很反感他人对自己的健康状况关注过多。作为医务工作者更会非常谨慎处理，即使夫妻同去，如需一起讨论，也会提前征求意见。

所忙何事。他们也不喜欢被人询问最近忙什么等问题，即使关系亲近的人，这样问也显得不礼貌。认为自己在忙什么，并不关他人什么事情。

谦虚并非是好事

我们国人和外国人，尤其是西方人在对待称赞的回应态度上大不相同。我们认为谦虚、谨慎，委婉、含蓄是美德和风度，所以在获得称赞时应该表现谦虚，即使认为是受之无愧、理所当然，也不会直接承认，否则就会被认为“王婆卖瓜，自卖自夸”，甚至是狂傲的表现。但在国际交往中，如此谦虚可不一定是好事。

孙教授邀请几位访问学者来家里做客。为表达好客和热情，擅长厨艺的孙教授亲自下厨忙活了半天。当这些外国客人看到满桌色香味俱全的菜肴时，纷纷予以赞美。面对赞美，孙教授客气地说“也没啥好招待的，随便做了几个小菜，肯定不合大家胃口，就凑合着吃吧”。这几位外国朋友原本兴奋的表情这时似乎多了些许疑问。几天后，一位外国学者诚恳地对他说：我们很快就要回国，可否有机会尝尝你的“大菜”……

外国人特别是西方人，一般习惯坦率、直接地表达自己的情感，无论是称赞他人还是被他人称赞。被称赞时会欣然接受并表示感谢，这样是在表明自己认为对方的称赞是诚心诚意的，所称赞的事是值得称赞的，应该接受。对于我们中国式谦虚的回答反而认为无法接受，甚至还会把中国人这种过分的谦虚理解为不诚实的表现。

外国人还常把称赞作为双方交谈的引子。称赞内容主要有个人的外表、新买的物品、个人在某方面的出色表现等。通常称赞他人的外表时只称赞对方努力打扮的结果，而不是他人的天生丽质，因为那是父母给的而不是自身努力的结果。所以称赞他人发型的很多，而称赞漂亮头发的很少。

在对待称赞时用词上也有明显差异。中国文化一向视谦虚为美德，当受到称赞或夸奖时，往往会否定对方的赞美之词，贬低自己一番，以示自谦“不，我还差得远呢！”“不敢当”“我不行”之类的话。比如，“你的英语讲得很棒”，中国人的回答往往是“过奖了，马马虎虎吧”；“菜做得真好吃”，“随便做的，做得不好，凑合着吃吧”。而外国人总是高兴地回答“谢谢”以表接受。例如，“你中文讲得很好”，外国人的回答往往是“谢谢”；“菜做得真好吃”，外国人的回答往往是“很高兴你能喜欢”，表现出一种自信。很多外国人甚至把过谦视为自卑，是在他人面前显示自己的无能。

清朝某位大臣携夫人接待外国使节，使节礼节性地夸这位大臣的夫人漂亮。大臣便习惯性地客套“哪里哪里”，随行翻译竟将其直译成了“where where”，结果这位可怜的使节只好搜肠刮肚地说“眼睛真漂亮”“眉毛真漂亮”，最后面对无休止的“哪里哪里”，只好无可奈何地说“通身上下都漂亮”。

中国人请客吃饭时，无论菜肴多么丰盛，总要谦逊几句：“今天没有什么菜招待大家，将就着吃点吧。”这种客套话外国人往往容易理解为：你不做好菜招待我，可见没有诚意和我交往。对感激话的回答，我们总是说：“不用谢，这是我应该做的。”而在外国人听来则可能认为你对他的帮助仅仅是迫于义务，从而造成误解。

邀请做客要了解的

一位刚出国不久的中企员工，被当地同事邀请到家里做客。进门后看到同事 4 岁的孩子，蓝蓝的眼睛，红红的嘴唇，很讨人喜爱。她忍不住在他头上轻轻抚摸了一下。没有想到那男孩子对她怒目而视，大声抗议道：“你不是我的妈妈，别动我的头。”她尴尬地放下了手。

我们以热情好客著称，但在具体做法上和国外绝大多数国家有挺大差别。

中国亲朋好友同事之间的串门是常事儿，邀请他人来访无须向对方确定时间，自己去探访他人无须郑重其事征得同意。甚至有时候直接上门，即使双方关系再一般，这时候主人也会热情接待。否则，就会被人们认为是不近情理、摆架子。

绝大多数的外国人强调个人生活至上，一年内遇到像圣诞节等特别重大的节日，亲朋好友才到家里聚聚。平时习惯提前把每天的事情安排好，有事上门需要提前预约：何事、何时、何人。而对打乱他们计划的不期而至的造访当然难以真心欢迎。即使双方的关系再好，也不能未经约定就擅自登门。所以首先要向主人提出拜访的意向，其次按对方提议或同意的时间准时抵达，早到或迟到都是不礼貌的。多数情况下，礼节性拜访的时间安排在上午 10 点或下午 4 点左右。如果对外国人说“有空来坐坐”或“有空就来”这类话，他们只会认为是寒暄，不会当真。

如果要请对方参加聚会或者正式的宴会，则要至少提前一两周以电话邀请甚至邀请函的形式进行邀请。邀请函上同样要注明具体时间、地点、邀请谁还有着装要求。对一次活动来说，如果回绝了邀请，对方就不会再次邀请。

在国外，应邀做客不宜空手，应该带上小礼品。具有中国民族特色的工艺品很受欢迎。也可以带上一束鲜花，但不能送菊花、石竹花、纸做的花和桃花；如果对方有孩子，可以带上些糖果作为礼物。除鲜花外的礼物用彩色包装纸精致地包装好。

赴约要准时。到达后，即使主人家的门是开着的，也要敲门或按门铃，得到允许后再进。戴帽子的人进门要摘帽，雨天则把雨具放到室外。

抵达家中时，应在主人的引导下进入指定房间。大衣、外套进入室内就应脱下，主人一般会主动接过去挂起来，这时应说“谢谢”。主人邀请就座，应欣然坐下，不必推辞。

如果女主人在，先向女主人问好。当主人家里还有其他朋友，只需同主人和认识的人行见面礼，向其他不认识的人微笑点头致意。

家里如果有小孩，不可以用中国式亲昵方式抚摸、轻拍孩子的身体任何部分，包括头和脸。

做客时，主人邀请喝饮料，确实想要时，向主人表示谢谢就可以了，不必客套地说“不用不用”之类，否则主人会真的认为你不需要。

小唐应邀去当地同事Tony家去做客。按照约定时间到达，进屋后，Tony拿出可乐递给小唐。虽然天热，小唐过来花了一个多小时，确实很渴，但仍习惯性地客气了一下：“谢谢，我不用。”结果

Tony 只顾自己在喝，把原本要递给小唐的那一听饮料放回了冰箱。小唐就在嗓子接近冒烟的状态中煎熬了将近两个小时，直至离开。

对于有吸烟习惯的人，现场有女士和孩子时，即使询问是否可以抽烟都是失礼的。

不经主人的邀请和同意，切勿擅自进入主人的卧房及其他私密空间。即使是较熟悉的朋友也不能任意翻动他家的物品、随意触动室内的摆设，更不能询问物品的价格。

还有做客结束时的处理细节。在中国，客人要告辞，主人须表达出挽留。希望“多坐一会儿”，认为这是主人待客之道。国外的情况与此不同，客人要告辞时，主人一般不会挽留；他们认为客人何时离开是他们自己的选择，挽留反而失礼。按照我们的习惯，客人离开时，主人应把客人送到门口。客人对主人说“请留步”“不要远送了”，主人会说“有空来坐坐”“慢走”之类的客套话。但如果外国人讲这些客套话，会让对方陷入尴尬的境地。另外，外国人在告别的时候经常说“我会和你保持联系”，这仅仅是一句告别语，和“再见”一样，不一定真的会和你联系。

劝告建议的误区

潘丽和来华工作的外国专家史密斯夫妇是邻居。时间一长，热情的潘丽和史密斯夫妇成了朋友。潘丽像对待其他朋友那样，他们出去或者回来的时候，主动询问去哪里了，逛什么商店，买什么东西。还建议说，应该去某某商场买，那儿便宜又实惠；应该去哪个饭店吃饭，那儿价格公道、口味地道……潘丽奇怪地发现：面对自己推心置腹的“推荐”，史密斯夫妇好像露出丝丝的不悦，并且也有意无意地和她疏远。

无论是中国人，还是外国人，都喜欢向自己的亲朋好友提一些友好的建议、劝告，以示关心和爱护。但大家在劝告和建议的方式上却中外有别。

中国人向朋友建议和劝告的时候，往往都非常直接，常用“应该”“不应该”，“要”“不要”这些带有命令口气的词。比如，“天气很冷，要多穿点衣服，别感冒了！”“路上很滑，走路要小心！”“你要多注意身体！”“你该刮胡子了！”“你该去上班了！”等。如果某外国人病了，你“关切”地说“你应该让医生看看”“去医院吧，找医生看看”，这样在我们听来是暖心、体贴的话，但可能会让他们很不高兴。在他们看来：有病看医生这样的事情谁都知道，用不着他人来教。如果连这样的事情都“教”他，显然是对其能力的怀疑，从而大大伤害其自尊心。

和病人告别时，中国人常说“多喝点开水”“多穿点衣服”“早点休息”这样建议类的话，表示对病人的关怀。

外国人尤其是西方人在向亲朋好友劝告和建议的时候，措辞非常婉转，不能带有指令性的语气或措辞。比如，“今天天气很冷，我要是你的话，我会加件毛衣”“你最好还是把胡子刮了吧”。一般来说，双方关系越亲近，说话的语气越直接。但即使是最亲密的人，也不会使用像我们那样的命令语气。否则，会被认为不够尊重他人独立的人格。在和病人告别时，外国人不会说“多喝水”这样建议的话，因为这样说会被认为有指手画脚之嫌；这时候他们会说“多保重”或“希望你早日康复”等。

赠礼受礼的细节

在电视剧《世纪之约》中，当特罗博得代表法方送给中和公司一瓶葡萄酒时，中和公司认为来而不往非礼也，热情接待法方代表，安排了十五天游山玩水作为表示对法方的尊敬，并派警卫人员保护其安全。然而法方代表却认为中和公司的“总统般的待遇”接待两个普通法国人令他们尴尬，也侵犯了他们的自由。中方认为的“厚礼”，却得到了反效果。

无论在哪个国家，交往双方互赠礼品是常事。适当的礼品可以表达彼此的敬意和良好祝愿。鉴于风俗习惯的不同，无论是礼品选择还是赠礼、受礼，中外都有很大不同。中国人在选择礼品时，认为价值高的就是好的，价值低了“拿不出手”，往往不太注重礼品的包装，甚至不包装；送现金或者营养品认为是非常实用的送礼方式；赠送时也倍加谦虚，会说“随便买的”“也是别人送的，放在家里没用”之类，接受者也是再三推辞，最后才“勉强”收下。

在国外，选择礼品要特别注意从交往对象的心理分析，选择本地的具有地方或民族特色的物品。这样的礼品在任何人看来都是最有纪念意义的。礼品的挑选要考虑到受礼人的性格、爱好与品位；要考虑到不同的国家、民族或地区的风俗习惯，因为同一件物品，在这儿可能受欢迎，在另一个地方则未必。不要触犯对方的宗教禁忌、民族禁忌和个人禁忌，注意礼品的品种、色彩、图案、形状、数目和包装。总体来说，现金和有价证券、贵重珠宝首饰、药品与营养品、广告类的或宣传用品（上面有单位名称或广告语的物品），为受礼人所忌讳的物品，涉及国家或商业机密的物品、私人物品（如内衣、化妆品）等，都不宜作为礼品。水果一般不是礼品选择对象。应邀去家里做客，很多国家流行送酒，但只是送一瓶，如果“好事成双”地送两瓶，反而会被主人认为你嫌他是个酒鬼。

一般情况下，赠送礼品不必考虑太多礼物的实用性，也不必选择昂贵的，最好能和对方所赠送的价值差不多，并要有观赏价值和文化品位。还应注意礼品的包装，外国人认为礼品的包装也属于礼品的组成部分，甚至有时候包装所花费的费用比礼品本身价值还要高。

所不同的是，送给阿拉伯人的应是贵重礼品，这样他们才会认为符合礼节。他们在赠礼后同时也希望收到同样贵重的回礼，因为阿拉伯人认为来而不往有失尊严。喜欢丰富多彩的礼品，喜欢“名牌”货，而不喜欢不起眼的古董。送礼品给他们的妻子被认为是冒犯。

在国外，赠送礼品时要郑重其事地双手递给对方，并说“这是我精心挑选的，希望你喜欢”之类的话。像中国式的“这是随便买的”“不值几个钱”等客套话，会让他们觉得你真的是随便买的、并不在意与他的友谊。如果能够在对方欣赏礼物的同时，将礼物的背景、内涵和意义等逐一解释给对方听，甚至适时插入一些历史典故，主人当然会更加欣喜。（如图 2-1 所示）

接受他人礼品时，恭敬有礼地双手接过并致谢。如果用中国式的再三推辞，容易被外国人理解为真的不接受这份礼品而只好尴尬收回。如包装好的礼品，还应当面拆开后表现出喜欢并夸奖。但日本人、韩国人、泰国人、马来西亚人一般不习惯当面打开礼品包装。收到寄来或托人送来的礼品，应复寄一张名片或简函，以示谢意。

对待孩子的不同态度

据《人民网》2015 年 1 月 16 日的消息，纽约华人李先生被纽约市儿童局传召听证。起因是“李先生曾独自给其他女儿（6 岁）洗澡”。

这一则新闻，在我们看来实在是有点“莫明其妙”。而两年前，

图 2-1　馈赠岂能“随便”

中国新闻网一则新闻《华裔男子为10岁女儿洗澡被夺抚养权抵抗警方遭击毙》，则更让人痛心。“孩子是我自己的，帮孩子洗澡，是照顾她的表现，关你什么事？”说实在的，别说六岁，就是九岁、十岁，仍由父母给洗澡的，实在太多了。在我们看来，孩子是我们的私有财产，我爱他，帮他做一些事，这是别人不能干涉的。但这事在欧美国家，特别是美国，事情就有点不同了。学校老师会经常询问孩子，异性家长是否有肢体的不当触摸。如果有，对不起，孩子就可能会被带走并暂时交给寄养家庭看管。

从我们的传统角度来说，子女就像家中的物品一样是父母的私有财产，一切都应听父母的，教训甚至适当打骂都是正常的。但另外，父母为子女可谓是操劳一辈子。在父母眼里，孩子永远是孩子，什么时候都愿意为他们奉献一切，没有任何条件。所以，在父母眼里，子女没有权利或隐私可言，哪个子女若跟父母谈权利或隐私，那就真成了离经叛道。

电影《刮痧》的主人公许大同一家是在美国的华裔。许大同当面教训在客人面前不懂礼貌的儿子丹尼斯，让美国客人摸不着头脑；许大同的父亲用中国民间千百年来流传的刮痧疗法给其孙子丹尼斯治病刮痧更成了美国人认为虐待孩子的证据，甚至引起司法的强行介入。

在中国人看来，长辈教训孩子完全是家事。中国的传统文化体系里，社会是以“家庭”为单位，家里某一个人，哪怕是小孩，有没有礼貌，都是这个家庭的代表，家庭必须承担教育的义务，以免“家丑”外扬。在中国人看来：打是亲，骂是爱，棍棒打出孝子来。怎么管教小孩那是自家的事，只要不过火，谁也管不着。如果因孩子不尊重客人而在客人面前打孩子，则是“有家教”、尊重客人的体现。携全家到洛杉矶旅游的赵先生，就因气急当街打了5岁儿子一巴掌，被闻讯赶来的警察戴上手铐，他的儿子也被儿童福利局带走。

但在国外特别是西方国家，子女是独立的个体，他们属于自己，他的地位跟大人是一样的，必须尊重其人格和尊严。他们有自己的喜好、选择、隐私、交际圈。父母、长辈必须予以尊重。所以他们认为一个家庭里发生的任何事情，只要超过社会公德的极限，就是社会的事。打骂小孩，即使侥幸没人把你告上法庭，至少也会觉得你人品不怎么样。

面对陌生孩子，无论多么可爱，在没有获得其父母允许前，都不能动手抚摸、拥抱，否则会被认为是非常失礼的事情。

所以在国外的时候，无论是自己的孩子在当地，还是交往中涉及当地的孩子，我们都应该多加注意，避免因此让人反感甚至“犯法”。

注意公私分明

纪录片《与全世界做生意》中，某中企进军意大利，因中意不同的文化原因而发生了一些误解。意大利女员工面对镜头直言“周末加班，这不是我们的文化”。

不少在非洲工作的中企单位员工说，非洲当地的工人基本都是到点就下班，无论给多少加班费也不愿意加班。这和“我们自己人”成了鲜明的反差。（如图 2-2 所示）

每个有国外生活经验的人，或许都有这样的体会：我们在对于公私的关系上，和他国有明显不同，以及由此衍生出了一些其他的不同点，如人际关系、情与法、等级观念等。

海尔的张瑞敏在哈佛大学演讲时，说在中国做生意，有三个最关系的因素，就是“关系、关系、关系”。不仅在生意上，在平时交往上也是如此。要做一件事，首先想有没有熟人，所以我们衡量团队是以关系来衡量的。同时，也就习惯把成绩归于集体、归于领导，而不是自己的能力和努力。这一点也是在国外交往中，让外国人不明白的地方：你没有努力吗？你干什么了？

我们中国几千年文化的背后是儒家文化，强调人与人之间的关系，以关系为基础的信任。这种关系之下，不一定有利于长远的效率，也容易公私不分。

图 2-2 对待加班态度中外不同

国外大部分国家特别是西方，是以规则为基础的信任。这种规则既可能是法律，也可能是双方约定的条条框框，一切以此为基础，简单、清晰，从长远来看或许更利于高效率。这就衍生出法律意识强、公私分明等和我们不同的观念。

所以，我们可以为关系牺牲利益，为集体利益可以牺牲个人利益，认为这是识大体的表现，是一种文化。但在国外人的眼里，公是公，私是私，就像黑白一样，不容混淆。

他们认为公私分明就是责任心。在他们看来，责任心不仅体现在对待自己亲人的态度上，同时也应该体现在对工作的态度上。公私分明如同黑白不能混淆一样，必须要一清二楚，尤其在一些原则问题上是不能越雷池半步的。这种公私分明观念，早已成为他们的行为准则。如果为公使用的钱，即使是小得不能再小的一笔钱，也绝不会自掏腰包；私事上哪怕再小的一笔钱，也不可以占“公家”的。

工作时间兢兢业业，到了非工作时间就应该和工作“bye-bye”，私人时间不谈公事，也是常识和惯例，他们认为这是必需的，无关是否勤快。私人时间谈公事，即使看起来再有必要，也没人会认为你对工作的热爱和积极；相反会认为你不尊重倾听者。

还有衍生出的情与法的关系。我们中国文化以儒家思想为代表，而儒家思想重义轻利，曾长期强调“德主刑辅”，情义大于法律，这在中国很多名著中都有明确表达，如《水浒》《三国演义》等。甚至有时会情重于法，也就是说，先讲合情，再讲合理，然后讲合法。

于是有时候就变成遇事先托人情、走关系，一定程度上造成了公私不分。

在法律和人情方面，国外特别是西方人更注重法律。在他们看来法高于一切。法在理前，理在情前。有些事明明不合情、不合理，但合法，吃亏者也只有自认倒霉，旁观者也只能容忍。但如果不合法，即使合情合理也会闹上法庭。看似人情淡薄，却是在努力追求规则上的公正、平等。即使一介草民一样可以和总统打官司并可能会赢。就像美国白宫的一个普通实习生莱温斯基可以毫无阻力地控告贵为总统的克林顿。

所以我们身在国外时，必须入乡随俗，改变我们的观念和处事方法，不要再有公私不分，甚至没有法律观念。遇事不要先习惯性地想到人情，否则往往会让事情变得更遭。

不同的等级观念

某中企老总告诉我，去年他和秘书及下属一行去某国参访时，女秘书习惯性地帮他提着重重的公文包。双方见面后，该国官员马上帮女秘书提着包。在他们眼里，女士应该受呵护、更受礼遇，而不是拿重物的搬运工。这一幕使老总很是尴尬。

传统的君臣、父子等级观念在现代中国人的头脑中仍影响很深。

父亲在儿子的眼中、教师在学生的眼中，领导在下属眼中都有绝对的权威。长辈说的话，即使错了也不能当面反驳，否则就是“大逆不道”；无论是什么场合，领导永远是领导，即使面对女士，在社交场合的时候还是领导优先。国外的等级观念，有的是没有，有的和我们的不同。

在欧美国家，除了英国等少数国家有世袭贵族制度外，大多数国家都倡导平等观念。特别在美国，崇尚人人平等，很少人以自己显赫的家庭背景为荣，也很少人以自己贫寒出身为耻，因为他们知道，只要努力就有机会成功。在家庭中，他们不讲等级，只要彼此尊重，父母与子女，或者子女对父亲都可直呼其名。认为自己和老师在知识面前是平等的，在人格上也是平等的，所以如果老师有不对的地方自己有权力提出质疑。在单位，也是直呼其名，不必称呼职务，一般部长以上的政府高级官员，才称呼其职务，如“部长阁下 / 先生”“总统阁下 / 先生”“大使阁下 / 先生”等。所以无论对方是市长、州长，还是 CEO、总经理，都不要自作多情地加上职务。

受儒家文化影响，身在亚洲的日本，也同样有强烈的等级意识。资历欠缺的年轻人很少委以重任，因为他们不但质疑年轻人的经验和能力，同时还要顾及等级观念。所以如果年轻人想要成为经理，就必须按照先后次序一步步地努力，在历经数年的拼搏后才能获得这个职位。在日本人的心目中年长者就代表强者。在一定程度上，年龄的长幼和地位的高低都是相互联系的。日本十分尊老，所以父亲在家庭中拥有绝对的权威。同样道理，在社会单位中，越高级别的领导越有权威。走路的时候，年长者、地位高者一定是在前面；入座的时候，职位高者、财产多者、年长者，总是被安排在上座。而同在亚洲的泰国，非议王室或者对王室画像不敬，都会让当地人难以容忍。

印度仍有等级观念，不同等级的人绝对不能平起平坐。印度的等级观念源于几千年来的世袭种姓制度，种姓制度将人分为四个不同的等级，及“不可接触者”或“贱民”。几千年来，种姓制度对人们的日常生活和风俗习惯方面影响很深。虽然现在从法律上早已废除种姓制度，但其对印度的影响仍然根深蒂固。许多人仍然有意无意地以血缘和出身论人，以肤色和种族取人。甚至不同等级的人如果通婚，会遭到社会非议乃至高等级家庭的严重暴力威胁。据《广州日报》报道，印度政府 2006 年 9 月 14 日出台了一项新政：凡出身三个高种姓的印度人与出身三个最低等级的印度人通婚者，都可得到政府 5 万卢比的奖赏，希望以此淡化人们的等级观念。

在社交场合，大多数的国家都有“女士优先”的惯例，在欧美国家更加明显。但阿拉伯国家不同，女性较少出席有男性在场的交际场合，不得已出席时，即使身为外国人，女性至少要披一件袍子，不要低胸露背地出现在交际场合，而且不和男士握手。

种族问题不要碰

据 2009 年 1 月 12 日的《广州日报》报道。

英王室成员哈里王子称呼两名军校同学为“巴基斯坦佬”(Paki)和“包破布头巾的人”(Raghead)。人权组织随即指责哈里出言不逊，有种族歧视之嫌。英国王室随后赶紧发表致歉声明，说哈里王子对他的冒犯性用语表示歉意，称哈里王子“不存在恶意”。无论什么身份，如不谨言慎行，一旦被认为种族歧视，无疑是一件麻烦事。

2016 年 1 月，泰国一家美容公司发布 30 秒广告片，其中肤色白皙的女性微笑着说“拥有白皙的皮肤就能赢”，而衬托她的是神情沮丧的黑皮肤女性。该广告遭到暴风雨般的批评，被指充满种族主义色彩。

种族问题，是一项严肃的问题，我们在国外无论是旅游，留学还是工作都不要触碰，避免不必要的麻烦。

20 世纪中叶，美国黑人牧师马丁·路德·金为了种族歧视问题经过了多年的努力并为之献出宝贵的生命，这在一定程度上引起了人们对种族问题的关注并加速了种族歧视的消除。时至今日，不同民族之间交往时，种族问题仍是最敏感问题之一。如果处理不慎，不仅容易产生误解，甚至带来重大纠纷。

称呼上，就像国外“Chinaman”“Chinks”是对中国人的蔑称一样，中国人的“洋鬼子”“大鼻子”是对外国人歧视性的称呼，“Paki”被认为是对印巴人的蔑称；“Raghead”被认为是对阿拉伯人不尊敬的称呼。

在美国千万不要把黑人称作“Negro”，最好用“Black”一词，黑人对“Black”的称呼会坦然接受。因为“Negro”主要是指从非洲贩卖到美国为奴的黑人。跟白人交谈如此，跟黑人交谈更要如此。还有把意大利人叫作“Dagos”，把犹太人叫作“Kikes”，把波兰人叫作“Polacks”，把日本人叫作“Iaps”等，这些都是带有强烈的种族偏见的名称。

冒犯宗教信仰或者民族禁忌的事物或行为，也往往会被认为是种族歧视。比如，所有信奉伊斯兰教的人都对猪特别忌讳，忌食猪肉及制品，就连猪及和猪相似的熊、熊猫等图案也忌讳；信奉印度教的人视牛为神物，忌食牛肉及忌用和牛相关的制品；阿拉伯民族禁忌六角星图案，在他们接触的物品上有偶像和女人的图案也被视为禁忌。

另外，对一个民族或者国家具有象征意义的任何事物，包括人物、图腾等，如果使其受到不尊敬对待，也会被认为有种族歧视的嫌疑。

我的颜色是禁忌吗

据《信息时报》综合报道。美国第一夫人米歇尔 2015 年 1 月

26日陪同奥巴马访问沙特时遭受冷落，握手时被沙特国王无视，还在一段遭网友疯传的视频中被打了马赛克——视频显示，沙特电视台播出来访画面时，把米歇尔的画面给模糊掉了。媒体分析这应该和她当时过于“鲜艳”的着装有关。米歇尔身穿长袖夹克、蓝色带白纹饰的高领上衣。不过不少人认为，沙特女性着装多以黑色为主，米歇尔的蓝色上衣仍然过于“鲜艳”，而且还没戴头巾，很失体统。

在巴西，曾有过这样的例子：日本向巴西出口钟表，因在钟表盒上配有紫色的饰带，由于紫色在巴西被认为是不吉利的颜色，所以使钟表不受欢迎。颜色和人类的生活密切相关，从衣服的选择到交通信号灯，从建筑物的外观到家居的设置……不同的颜色象征意义在不同民族文化中有很大的差异，有些甚至构成了人们的禁忌。

在一定意义上，中国是个崇红、轻黑、忌白的国家。红色代表喜庆，也是中华民族最爱的颜色之一。而在国外特别是西方文化中，红色主要是指鲜血的颜色，使人联想到“暴力”和“危险”。著名汉学家霍克斯在翻译“红楼梦”时，由于意识到红色可能使现代使用英文的读者联想到“暴力”“流血”，所以采用了小说原来的名字《石头记》。

墨西哥：认为紫色是不吉利的棺材色，所以都避免使用。

阿根廷：黑色、各种紫色和紫褐色避免使用。

巴西：把棕黄色看为凶丧之色，紫色是死亡的象征，黄色表示绝望。

罗马尼亚、捷克、斯洛伐克：黑色视为带有消极的含义。

希腊、瑞士、马达加斯加、利比亚：禁忌黑色。

意大利：忌紫色。

法国、比利时：忌用墨绿色（纳粹军人服装颜色）。

爱尔兰：忌用红白蓝色组合（英国国旗的颜色）。

匈牙利：习惯以白色表示丧事，墨色表示庄重或丧事。

摩洛哥：忌白色。

埃塞俄比亚：禁忌黑色，出门做客忌穿淡黄色服装。

乍得、尼日利亚：黑色与红色视作不吉利的颜色。

利比里亚：认为黑色、白色带有消极的含义。

日本：黑色被用于丧事，禁忌黑白相间色、绿色、深灰色。

蒙古：黑色被视为是不幸和灾祸，所以蒙古人不穿黑衣服。

泰国：过去白色是丧事的颜色，现在改成了用黑色办丧事。还禁忌褐色。

印度：认为黑、白色和灰色，被视为消极的、不受欢迎的颜色。

马来西亚：忌用黄色，一般马来西亚人不穿黄衣服。单独使用黑色认为是消极的。

新加坡：黑、白、黄色为禁忌色。

巴基斯坦：视黑色为消极，禁忌黄色。

埃及：最讨厌黑色和蓝色，认为是不祥之色。

沙特阿拉伯：忌用黄色。但国王身着土黄色长袍，象征神圣和尊贵，一般人不能穿这种颜色的衣服。

阿拉伯联合酋长国、科威特、巴林、伊朗、卡塔尔、也门和阿曼：粉红色、紫色和黄色是消极的色彩。

小图案竟有大讲究

世界各国因历史发展、宗教信仰、民族风情的不尽相同，在图案上产生了不同的禁忌文化。我们身处国外，无论是物品还是衣着上，应该尽可能避免有那些让当地人反感的图案，以避免不必要的误解。

美国人的眼里，蝙蝠是凶神恶煞的象征。

匈牙利人认为黑猫是不祥之物。

捷克人认为红三角形是有毒的标志。

瑞士忌猫头鹰图案，认为那是死人的象征。

德国人忌讳在商业广告和商标中使用纳粹符号及其他宗教性标志。

意大利人禁忌仕女和十字花图案。

摩洛哥人禁忌六角星、猫头鹰图案。

英国人忌大象和孔雀图案。

法国人认为仙鹤是蠢汉和淫妇的代称、核桃花是不祥之物。

印度人忌讳弯月的图案。

日本人对有狐狸和獾图案的物品很反感。

狗在泰国、阿富汗是禁忌图案；北非一些国家普遍忌用狗作商标。

女士人体、十字架、六角星、猪形图案，在中东地区，属于禁忌图案。

新加坡人在商业上反对使用如来佛的形态和侧面像，禁止使用宗教词句和象征性标志。

花语你又了解多少

1797年3月，法兰西总统拿破仑在卢森堡第一国立小学演讲时，潇洒地把一束价值3路易的玫瑰花送给该校的校长，并且说了这样一番话："为了答谢贵校对我，尤其是对我夫人约瑟芬的盛情款待，我不仅今天呈献上一束玫瑰花，并且在未来的日子里，只要我们法兰西存在一天，每年的今天我都将派人送给贵校一束价值相等的玫瑰花，作为法兰西与卢森堡友谊的象征。"从此，卢森堡这个小国即对"欧洲巨人与卢森堡孩子亲切、和谐相处的一刻"念念不忘，并载入史册。

无论哪个国家的影视作品中，男士手捧玫瑰送给女士，都是表达炙热的爱恋；而大部分的影视作品中，手捧黄色的花，多是以身穿深色服装外加悲戚的表情，参加葬礼或者在逝者的墓碑前凭吊。

国际交往场合忌用菊花、杜鹃花、石竹花、黄色的花送人已成为惯例。不同的国度对花语的含义有所区别。所以在国际交往中，有必要对花语有所了解，避免失礼。

在国际交际场合忌用菊花、杜鹃花、石竹花、黄色的花送人。

红玫瑰：红玫瑰代表爱情，不宜给非恋爱、非夫妻关系的异性送。

根花：探视病人时，日本人严禁以根花（包括盆花）为礼。

山茶花：日本人在探望病人时，忌用山茶花、仙客来、淡黄花及白花。

荷花：荷花在日本是象征祭奠的不祥之花。

白色百合花：在印度和欧洲国家，这是给死者的专用虔诚悼念品。

白花：在欧洲，人们以花为礼时，除生日与命名日之外，一般忌用白色鲜花。白色的月季在印度和欧洲常作为对死者最虔诚的悼唁品。

郁金香：德国人忌用郁金香为馈赠品，认为它是无情之花。

康乃馨：在法国，康乃馨被视为不祥的花朵。

黄花：大部分的国家都认为黄色的花不吉祥，一般只在葬礼上才用。

紫花：巴西人忌用紫色的花为礼，因为巴西人惯用紫花作为葬礼用花。

红花：在墨西哥，红色花表示符咒，是人民普遍禁忌的颜色。

菊花：大部分的欧洲国家及拉美各国认为是“妖花”，只用于墓地和灵前。

干花：除人造花之外，波兰人忌送干花或枯花。

单双数：在俄罗斯、南斯拉夫等国家如果送鲜花讲究单数，双数被视为不吉利，但不能送13朵。罗马尼亚人送花一般送单数，但在参加生日酒会时可以例外。

穿着不能随心所欲

中国青年网2015年3月21日的消息。因自导自演某囧影片推动泰国旅游业，导演兼主演的某中国演员受到泰国总理的接见。原本是好事一桩，却被一位知名媒体人点名道姓批评其不注重社交礼仪，“卷着衬衣袖子，敞着胸口”的随意打扮，有损中国人的国际形象。

虽然泰方解围说这不是十分公开化的公众活动。但和政府高级官员的室内会面活动，大部分的观点还是认为那样的穿着太随意。所以，在网络上被批评成“赢了票房神话，输了基本礼仪”。

穿着上除需要注意本书前面介绍的颜色及图案外，还要注意场合要求、地方习俗禁忌等细节。

场合要求

首先要注意的就是根据场合穿衣服。

旅游观光的时候，应该穿休闲装，女士不要穿着套裙高跟皮鞋、男士不要西装革履。

一般餐厅当然穿旅游服装就可以了。但去高档餐厅，或应邀参加宴会则应穿戴整齐，不要穿短裤就往里面闯。普通酒会女士既可以穿设计简洁、不过分华丽张扬的小礼服，也可以穿着偏于时尚的露肩裙装，包括一般的 Party 都可以这样穿。正式晚宴可以穿隆重、性感、奢华的晚礼服，黑色、开领、无袖、露肩、坠地的款式永不落伍，如果对如何选择晚装拿不定主意，挑选黑色总没错。注意所选装束能否突出你身体最值得骄傲的部分。珍珠、水晶、宝石和金质的首饰适合晚宴场合。

参加大型舞会，穿西式礼服的话应穿晚礼服。女士可以是低胸、露背的大摆裙，颜色既可以鲜艳，也可以庄重高雅。露肤的晚礼服应戴成套首饰：项链、耳饰、手镯。家庭舞会最好穿便于舞动的裙装或者旗袍，搭配色彩协调的高跟皮鞋。民族服装是非常好的礼服，完全可以穿着参加舞会。

而谈判、签约，肯定是正式的场合，则应穿正装出席。

和官员、社会名流会见，要看见面地点和目的，休闲的场所可以休闲一点，办公场所、会客 / 会议室等场合应穿正装。

欣赏文艺演出的场合，特指高雅的文艺演出，如音乐会、歌舞剧，应穿礼服，女士可以穿华丽的连衣裙配上一些漂亮的披肩或丝巾等饰物。

习俗禁忌

2015年3月21日的英国《每日邮报》说，卡塔尔禁止穿紧身裤，因为在官方看来，紧身裤“不算裤子”。在西班牙，身着泳衣逛街将被罚款，最高罚款金额约合4600元人民币。在梵蒂冈，特别是参观圣彼得大教堂时必须衣着整齐，男士不能穿短裤，女士不可露肩膀。阿联酋迪拜码头购物中心规定，顾客的服装必须能遮住膝盖和肩膀。2013年，该购物中心特别安排工作人员向没有遵守这项规定的顾客发放蓝色“提示卡”，上面写着，希望顾客能“衣着有礼”。

习俗禁忌，主要是宗教原因的穿着禁忌，这在世界各地都有，需要特别注意。

进泰国、柬埔寨等地的寺庙，不可以穿无袖T恤、背心、吊带、短裙、低领，破洞的裤子、拖鞋，长袖卷起来也不可以。游览皇宫，男士必须穿长裤，有袖上衣（可短袖）。女士穿裙子时要长过膝盖，有袖上衣。裙子不过关时，可以在附近买一件围笼裙。

进清真寺。不穿拖鞋，不戴墨镜。男女都需要脱鞋、穿长袖上衣、长裤或长裙，颜色素些。女士用头巾包住头，不露头发，把身上包严实，不穿紧身衣服，即使再热也不能摘下头巾或露出身体任何部位。有的寺院门口有免费租借临时的长袍及头巾，穿戴好才能进入寺院。

在印度，进印度教寺庙不可以带牛皮制造的任何物品，否则会被视为犯禁戒，皮鞋、皮表带、皮带、手提包等牛皮制品，都不得入其寺门。

当然，还有社会风俗原因的穿着禁忌。就像在欧美国家，女士在公共场合不可以穿皮裙、网格状丝袜。正式场合不可以穿休闲服装，“正式场合”包括文艺演出、宴会，签约谈判、新闻发布会、高级别的正式会见等。而在朝鲜，禁止穿牛仔裤，忌穿带英文字母的T恤衫，因为那代表资本主义倾向。

杜绝“山寨货”

出境不可以穿戴“山寨货”，即使高仿也不可以。澳大利亚及欧美不少国家的海关都规定不允许穿假冒的名牌产品，否则可能面临被罚或被没收，甚至影响出行。

不仅是服装，也包括行李箱。即使穿用普通品牌也别碰“山寨货”，否则不仅丢人，也更表达出自己不正确的价值取向。

了解宗教尊重他人

据国际在线的报道。2012年2月20日晚，驻扎在阿富汗北部帕尔万省的美军巴格拉姆空军基地美军士兵把古兰经等伊斯兰宗教书籍运往垃圾填埋场焚烧。这一事件被曝光后，立即引起阿富汗民众的强烈不满。21日，基地大门外聚集了2000多名愤怒的阿富汗民众，有的示威者向天空鸣枪泄愤，有人则点燃轮胎焚烧，还有人向美军基地大门投掷石块和汽油弹。

有示威者表示："……不尊重我们的宗教和信仰。如果再这样，我们将捍卫神圣的古兰经、我们的宗教信仰，直到流尽最后一滴血。"

此事在经历了北约驻阿富汗国际安全援助部队司令、美国国防部长、国务卿、美国总统先后郑重道歉，才算了结。

基督教、伊斯兰教与佛教并称世界三大宗教。了解宗教并尊重宗教相关的人、物及习俗，这是友好交往、和谐共处的重要条件。

基督教

基督教是指奉耶稣基督为救世主的各教派总称，包括天主教、基督新教（中国民间称耶稣教）、东正教。基督教是世界上信仰人口最多的宗教，超过 20 亿人。

（1）起源

按照基督教经典的说法，基督教产生于 1 世纪的巴勒斯坦地区的犹太人社群中——创始人耶稣公元 1 世纪 30 年代开始在巴勒斯坦地区传教。

1 世纪结束前即逐渐发展到叙利亚、埃及和小亚细亚等地，并扩及希腊及意大利。在 4 世纪以前基督教是受迫害的，直到罗马帝国君士坦丁大帝发布米兰敕令宣布它为合法宗教为止。在 380 年狄奥多西大帝宣布基督教为罗马帝国的国教，并且所有人都要信奉。

1054 年，基督教发生了大分裂，东部教会自称为正教（东正教），西部教会称为公教（天主教）。16 世纪又从天主教中分裂出新教，以及其他许多小的教派。

（2）经典

基督教基本经典是《圣经》，以《旧约全书》（与犹太教经典相同）和《新约全书》两大部分构成。

（3）节日

基督教的主要节日有：

复活节。是为纪念耶稣复活的节日，为每年春分月圆后的第一个星期天，具体日期常为 4 月 4 日。

耶稣受难日。具体日期为复活节前的星期五，通常为每年的 4 月 1 日左右。届时在教堂举行隆重的活动。

圣诞节。是耶稣诞生日，每年的 12 月 25 日。这是信奉新教和天主教国家最盛大的节日，就像我们的春节，通常从 12 月 24 日圣诞节的除夕开始进行庆祝。圣诞节前，各大商场、超级市场都会减价出售各种圣诞节用品和生活必需品。一般放假 3 天。

（4）交往

在信奉基督教的国家里，生、死、嫁、娶无不打上宗教的烙印。结婚须在教堂举行由神父或牧师主持的仪式。初生的婴儿按照教规应进行洗礼，并取教名，认男、女监护人为教父、教母。教徒死后，需请神父来料理后事。

基督教视十字架为圣物。除在教堂中使用，也常做成项链悬挂胸前，或立于死者墓前，以示人的灵魂与耶稣同在。

忌讳崇拜除上帝以外的偶像。向基督徒赠送礼品，要避免上面有其他宗教的神像或者其他民族所崇拜的图腾。要尊重基督徒的信仰，不能以上帝起誓，更不能拿上帝耶稣开玩笑。神父与牧师是天主教与新教对其神职人员的不同称呼，不能混为一谈。

基督徒有守斋的习惯。基督教规定，教徒每周五及圣诞节前夕只吃素菜和鱼类，不吃其他肉类。天主教还有禁食的规定，即在耶稣受难日和圣诞节前一天，只吃一顿饱饭，其余两顿只能吃半饱或更少。基督徒在饭前往往要祈祷，如和基督徒一起用餐，待教徒祈祷完毕后，再拿起餐具。

非基督徒进教堂应衣冠整洁，进去后要脱帽。与人谈话应压低声音，不得妨碍正常的宗教活动。当教徒们祈祷或唱诗时，旁观的非教徒不可出声。当全体起立，则应当跟随其他人一起起立。如有人分饼和面包给自己，非教徒应谢绝。

讨厌“13”这个数字和“星期五”这一天。在基督徒眼中“13”和“星期五”是不祥的，要是13日和星期五恰巧是同一天，常常闭门不出，这些时间最好别有邀约。（如图2–3所示）

伊斯兰教

伊斯兰，又译作伊斯俩目，指顺从和信仰创造宇宙的独一无二的主宰安拉及其意志，以求得两世的和平与安宁。信奉伊斯兰教的

图 2-3 欧美人普遍忌讳黑色星期五

人统称为“穆斯林”，意为“顺从者”。

伊斯兰教包括逊尼派和什叶派两大派别，其中，逊尼派占多数。据统计，全世界约有16亿人信仰伊斯兰教。

（1）起源

伊斯兰，公元7世纪由麦加人穆罕默德在阿拉伯半岛上所创传。

逊尼派被认为是主流派别，又被称为正统派，分布在大多数伊斯兰国家，中国穆斯林大多是逊尼派。什叶派信徒主要分布伊朗，还存在其他一些国家和地区，如伊拉克等国。

一千多年来，伊斯兰教由一个民族的宗教，接着作为一个封建帝国的精神源泉，尔后又作为一种宗教、文化和政治的力量，一种生活方式，在世界范围内不断发展。截至2009年底30多个国家将伊斯兰教定为国教。

（2）经典

《古兰经》是伊斯兰教的唯一经典。伊斯兰教认为，《古兰经》是安拉“神圣的语言”，是一部“永久法典”。它是伊斯兰教信仰和教义的最高准则，是伊斯兰教法的渊源和立法的首要依据。穆斯林以其为伊斯兰教的圣书，也是指导穆斯林行为的规范。

（3）节日

开斋节。伊斯兰教历10月1日，我国穆斯林称肉孜节。穆斯林在开斋节要净身、理发、剪指甲，穿上新衣，吃枣子。到清真寺举行会礼，去、回要走不同的路，较富裕的穆斯林要施舍。会礼后，亲友互访，互赠礼品，举行庆祝活动。

宰牲节。伊斯兰教历12月8日至10日，清真寺举行会礼。宰牲献祭，牲畜肉分三份，一份送亲友，一份施舍，留一份自食。亲友间互相拜会。

登霄节。伊斯兰教历7月17日，纪念传说中穆罕默德夜晚上天朝见安拉。登霄节夜晚，穆斯林举行礼拜、祈祷等活动。

圣纪节。伊斯兰教历3月12日，穆罕默德诞生和逝世的日子。穆斯林到清真寺举行圣会，集体诵读《古兰经》，宣扬穆罕默德的生平业绩。

阿舒拉节。伊斯兰教历1月10日，是安拉创造人、天国乐园、火狱的日子，也是阿里之子侯赛因殉难日。穆斯林在该日自愿斋戒。什叶派则举行哀悼仪式和游行等。

白拉台夜。伊斯兰教历8月15日夜，是安拉决定凡人一年生死祸福之夜，白天斋戒，夜晚诵经，祈求赐福。

盖德尔夜。伊斯兰教历9月27日夜，是安拉颁降《古兰经》之夜。这天晚上做一件善功胜过平时做1000个月的善功。穆斯林夜晚去清真寺做礼拜，诵经，有的还彻夜不眠。

（4）交往

伊斯兰教徒严禁吃自死物、血液、大肉，严禁食用诵非安拉之名而宰杀的动物，严禁食用猛禽猛兽和不反刍的畜类。严禁饮酒，禁止一切与酒有关的致醉物品，禁止从事与酒有关的生意，严禁服用一切麻醉品和毒品，禁止吸烟等。

禁止男性穿戴高贵服饰、禁止妇女显露美姿和装饰、禁止男人佩戴黄金饰物，忌讳男子模仿妇女、妇女模仿男子等。

禁止在公共场所大小便、禁止用右手处理污秽事物、禁止在礼拜时吐痰、打哈欠、吹东西，禁止吃生葱、生蒜后去清真寺礼拜，忌讳贪食等。

严禁重利盘剥，禁止在商品中掺假、以次充好，禁止缺斤少两，严禁出售违禁物品，禁止经商中使用欺骗手段等。

严禁作伪证、说谎，禁止污蔑、谗言、诽谤，禁止讥笑并以诨名相称，禁止侦探他人隐私、嫉妒、妄言嬉行，禁止背后非议等。

严禁赌博、求签、占卜看相，严禁佩戴护身符等。

佛教

和泰国官员愉快会谈后，中方将泰方送到酒店停车场的汽车旁。中方助理为表达礼貌和敬意，在泰国官员上车时用手挡在车门上沿，防止车门上沿碰到其头部。

但这一礼节性动作，却让泰方明显不高兴，没有立刻上车，直到助理把手拿回来，对方才黑着脸头也不回地上车离去。

这一切都被中方领导看在眼里，他严肃地告诉助理："泰国是信仰佛教的国家，他们非常忌讳别人的手触摸或者掠过自己的头部，这对于他们来说是极其不尊重和侮辱。"

助理这才如梦初醒，下次见面时向泰方诚恳道歉，才避免了会谈上的不愉快。

佛教主要在我国及东南亚地区，是信仰基础广泛的宗教。

（1）起源

佛教在公元前 6 世纪以前，由古代印度北部迦毗罗卫国王子乔达摩·悉达多创立。佛教自创立以来，就在古印度广泛传播。与婆罗门教艰涩的教义相比，释迦牟尼的说法简单易懂，且一向主张众生平等，对于女性和奴隶也一视同仁，所以佛教从一开始就受到社会底层百姓的欢迎。另外，由于许多僧院接近城市，一些商人和贵族与佛教多有接触，虽然他们不能成为全职的僧人，但在金钱和土地方面对佛教也有所扶植，甚至一些王国的君王也成为佛教信徒，从而更有利于佛教的广泛传播。

佛教创立后，向南传到斯里兰卡等南亚地区，后又传到泰国、缅甸、老挝等东南亚国家和我国云南边境地区，称为南传佛教（即上座部佛教）；向北沿着“丝绸之路”传到中国汉地，沿着喜马拉雅山脉传到我国西藏地区，称为北传佛教。由中国传入朝鲜半岛、日本、越南、新加坡等国家和我国香港地区。10 世纪后半期，北传佛教又形成了藏传佛教（又称喇嘛教）。

现在，全世界佛教信徒有 3 亿多。

（2）经典

《金刚经》《千手千眼无碍大悲心陀罗尼大悲神咒》《般若波罗蜜多心经》《大藏经》《大佛顶首楞严神咒》《华严经》《佛说阿弥陀佛经》等。

（3）节日

佛诞日即释迦牟尼诞生日。由于说法不一，世界各国佛诞日期也不相同，中国汉族地区和日本均以农历四月初八为佛诞日；蒙、藏族地区为4月15日；傣族地区为清明节后十天。佛诞日各佛寺一般都举行诵经法会，并根据“佛生时龙喷香雨浴佛身”的传说，教徒要以香水洗释迦佛像，故又称为浴佛日。

佛成道日。即释迦牟尼在菩提树下悟道成佛的日子。一般在农历十二月初八，届时佛寺要举行纪念仪式，并煮“腊八粥”以供佛。

佛涅槃日。即释迦牟尼逝世的日子。一般在农历二月十五。但释迦牟尼逝世的年代，南传佛教与北传佛教相差59年，南传佛教认为是公元前545年；北传佛教认为是公元前486年，后者是我国公认的年代。

世界佛陀日。东南亚一些佛教国家把佛诞、成道、涅槃三个节日合并起来，称作“维莎迦节”，时间是五月中旬的月圆日。1954年在缅甸仰光召开的世界佛教徒联谊会第三次大会规定为“世界佛陀日”。在东南亚一些佛教国家，这是一个全国性传统节日，举行规模盛大的庆祝活动。

佛欢喜日。农历七月十五的佛欢喜日也称“盂兰盆节”，是我国佛教中最大的节日之一，又称为僧自恣日，是佛教徒举行供佛敬僧仪式及超度先亡的节日。

（4）交往

佛教徒不吃荤，“荤”包括一切动物性食品和生葱、生蒜、韭菜等辛香味食物；不喝酒。这里主要是指汉传佛教的禁忌。而南传佛教和藏传佛教饮食禁忌较少。

进佛寺时，最好不要从中门入，且不要脚踩门槛。

拜佛——不可在大殿中央的拜垫上礼拜，宜在两旁的垫凳，分男左女右拜。有人礼拜时，不在他的头前行走。

寺中法器或贡品，不可以擅动，包括钟鼓鱼磬、锡杖衣钵等物。

男士到比丘尼寺院，不能进尼众寮房，和比丘尼说话时要有其他人在场。

见到僧侣，可以合掌问讯。同僧侣共处时，不敬烟；同桌就餐时，不敬、劝酒，不劝吃肉，不宜向他们提议干杯（包括茶、饮料等）。

不要乱开玩笑。不以戒规戒律开玩笑，不邀请僧人唱歌、跳舞或其他不符合佛教清规戒律的活动。忌讳手挡在他们头顶或碰他们的头部。

参观寺院应衣冠整洁，勿大声喧哗、指指点点、评头论足。寺院里不可以谈情说爱，乱开玩笑。到寺院观光，未经允许不要进寺院禅堂，特别是女士。

在国外信奉藏传佛教的地方（尼泊尔、不丹，印度的喜马偕尔邦等），还要注意：集体念经或喇嘛修诵时，禁忌瞪眼或直视久看喇嘛的脸。举行法会期间，禁忌越过僧人队列和喇嘛攀谈闲聊。佛塔周边，禁忌取用信徒献在佛塔上的任何供品。路过寺庙、佛塔以及玛尼堆、经旗杆时，都应按顺时针方向绕行。对塔前烧施的桑烟，禁忌扔投污食或其他物品。手中的转经筒不得逆时针方向转动和打开筒盖等。禁忌携带佛像、佛经及有关法物上厕所。

小提示大道理

出国在外，尊重当地的习俗文化，绝不是可有可无的事。了解并尊重，皆大欢喜、更受尊敬；无视甚至冒犯，带来的只能是反感、误解，甚至纠纷。

第三课

出国交往礼仪

THE
THIRD LESSON

他山之石

据中新社约翰内斯堡2015年8月8日报道。7日晚一个来自中国某地的商务观展团刚出南非约翰内斯堡国际机场即遭武装抢劫，损失数十万元人民币，丢失了证件，还受到极大惊吓。据了解，观展团一行在机场换当地货币后，遇到一名黑人搭讪询问行踪，团里成员给此人看了行程表。结果刚出机场10分钟左右，就遇到三辆车的围堵抢劫。

为安全起见，在国外有些事项要注意：出门尽可能少带现金。不要在机场换外汇或取现金。不戴看起来贵重的手表、饰品，不要在汽车内放手提包等肉眼可见的财物，不要随便和陌生人搭讪，不向陌生人透露自己的身份和行程……

出国留学、访问或工作，我们当然希望能有一个愉快的经历，而了解必要的礼仪和惯例是前提。

仪态细节讲究多

美国前总统老布什能够坐上总统的宝座，成为美国“第一公民”，与他的仪态表现分不开。1988 年的总统选举中，布什在选民中的形象不佳，民意测验一度落后对手十个百分点。不料两个月后，布什以光彩照人的形象扭转了劣势，反而领先十多个百分点。原来，布什的演讲不太好，手势及手臂动作总显得死板，身体动作也不美。后来，布什接受了专家的指导，经过刻苦训练，纠正了不良的习惯，从而改变了人们对他的评价。

仪态是一个人良好气质、风度和修养的体现。我们无论身处何方，都应注意自己的仪态。

手势

对于我们平常交往来说，手势自然、得体就好。

指引时，站在被指引物品或道路旁边，面对指引对象，右手臂自然伸出，五指并拢，掌心斜向上，手背和地面约呈45度角，指尖方向指向所要指引的方向。

指示道路方向时，手的高度大约齐腰；指示物品，手的高度根据物品的高低远近来定，手臂、手掌和物品呈直线就可以了。无论指人还是指物，不能只用食指。

为他人做介绍，应站在两位被介绍者中间，自己右手五指并拢、手心斜向上，手背与地面呈斜切约45度角，齐胸高度，以示尊重。当把A介绍给B时，右手指向A，但面朝B；而把B介绍给A时，右手指向B，但面朝A。（如图3-1所示）

无论是递物还是接物，都应用双手至少也要用右手。递有文字的物品，正面朝向对方，以方便阅读；递带尖、带刃等物品，则应把尖、刃部分朝向自己。

跷起大拇指一般认为是夸奖、点赞，但在澳大利亚却表示骂人“他妈的”。和他人谈话时将拇指跷起来反向指向第三者，即以拇指指甲的一面指向除交谈对象外的第三者，是对第三者的嘲讽。

OK手势在巴西和马其他都表示粗俗、下流的骂人话。做V形手势掌心向内，是骂人的手势。另外，对他人竖起中指是表示污辱。掌心向下的招手动作，在美国则是表示招呼狗。

有些手势会让人反感，如手插口袋、用手指自己鼻尖，用食指指向他人，等等。当然，还包括特定历史原因形成的让人反感的特殊手势，如类似纳粹军礼的手势。这样的手势必须杜绝，绝不是解

图 3-1　介绍中注意得体手势

释成好奇或好玩就能说得过去的。

来自参考消息 2017 年 8 月 7 日的报道。德媒称，两名游客在德国国会大厦前拍照时摆出了行纳粹礼的姿势。这两名年龄分别为 36 岁和 49 岁的中国男性游客随后被拘捕受到审问，在法官判决每人缴纳 500 欧元保释金后被释放。向希特勒致敬的纳粹礼，二战后在德国和奥地利都被禁止。

眼神

初次交往，最好把注视区集中在以两眼为底线、额中为顶角形成的三角区。

对方头顶、脖子以下区域都是注视禁区，特别是异性之间。

双方目光接触的时间约占相处总时间的 1/3 比较适宜，每次看对方眼睛三秒左右会让人感觉比较自然。

初次见面，在向对方问候、致意、道别等都面带微笑，同时用柔和的目光注视对方，以示尊敬和礼貌。

交谈时，听的一方多注视说的一方，经常保持双方目光的接触。长时间回避对方目光、左顾右盼、直勾勾地盯着、上下打量、长久注视异性等，都是非常失礼的表现。

同时和多人沟通，应用环视加点视的方法表示对他们的真诚、重视和一视同仁。

当双方都沉默不语，应把目光移开；当他人说错话或拘谨时，避免盯视。

站姿

良好气质的站姿应是挺胸、抬头、收紧腹部、两肩平齐，双手相握、右手放在左手上、叠放于小腹前，或双手自然下垂。两脚跟并拢或两脚呈“V”状分开，双脚分开站立时宽度不超过肩宽。

让人反感的站姿，如垂头耸肩，含胸驼背，双腿大叉，趴伏倚靠，抖腿，以及手插进口袋、双手平端或抱在胸前而站，倚靠而站……

坐姿

男士坐时膝部可以分开，宽度不过肩宽；两腿不能叉开过大；身体不能半躺在椅子或沙发里面。而女士坐时应尽可能双膝并拢。

一般坐椅面 2/3 左右。为表示重视，交谈时不仅面向对方，而且上身应朝向对方。

让人反感的坐姿有双腿直伸出去，抖腿晃脚、以鞋底示人或脚尖指向他人，把手夹在腿间或压在臂部低下；双腿分得太开，两膝之间宽度超过肩宽，瘫坐在沙发里……

走姿

抬头，目光平视前方，双臂自然下垂，手掌心向内，以身体为中心前后自然摆动。上身挺拔，腿伸直。

摆臂幅度前后自然，手掌朝向身体；起步时身体稍向前倾，重心落前脚掌，膝盖伸直；脚尖向正前方自然迈出。尽量克服影响仪态美的外八字或内八字走姿。

让人反感的走姿有不抬脚、蹭着地走，耷拉眼皮或低着头，左右摇晃，不管不顾冲撞他人……

必知的正装礼仪

出国参加重要的场合，如签约、高端招待会、发布会、重要洽谈会议，拜访重要人士等，都应穿正装。

男士正装

在国际交往中，男士正装一般是西装。

（1）西装上衣

单排扣西装比双排扣更普及。应是单色，藏蓝色是首选，灰色或棕色也可以考虑。不宜有图案，但可以选择“牙签呢”缝制的条纹或小格纹西装。

一般场合穿两件套西装，即西裤、西装上衣是一套；三件套，即西装里面还穿一件马甲，在参加高层次的活动时才穿。西装上衣可以另配西裤，另配的西裤质地应和上衣接近，至少不能比上衣单薄，颜色接近或深于西装上衣。

西装上衣的最佳长度，手臂向前伸直时，衬衫袖子能露出西装外套袖口的 1~2 厘米。

单排两粒纽扣西装，只系上边那粒；单排三粒纽扣，只系中间一粒或上中两粒。但双排扣西装要求把所有能系的纽扣统统系上。

西装上衣外胸袋只放丝质口袋巾，内侧胸袋放轻薄物品，外侧下方口袋不放物品。尽量减轻口袋负担。后侧口袋不放任何物品。

就座后，上衣的纽扣可以解开，起身后再系上。

（2）衬衫

配西装的衬衫应是长袖，单一色彩的浅色，白色最佳，不应有夸张图案，较细小的几何图形衬衫除外（条纹衬衫忌搭配条纹西装）。

正装衬衫的领型多是方领、短领和长领，立领衬衫配西装不能作为正装。

衬衫衣领的最佳高度，伸直脖子的时候衬衫领口能外露于西装领口 1~2 厘米；衣领的宽度，以扣上第一粒扣子后能自然地塞进自己的一只手指为宜。

打领带时所有纽扣都系，下摆掖到裤腰内。不打领带时则解开衬衫领扣。

衬衫内一般不穿除了薄背心之外的其他内衣，颜色浅于衬衫，并确保不外露。

（3）皮带

男士正式场合用的皮带应是黑色的皮质，皮带应和皮鞋同色。

皮带上除本身纹理或压制的商标外，不应有其他装饰，更不宜悬挂物品。皮带扣要求简洁，太花哨会显得女性化。皮带扣以金属质地为主。

（4）鞋袜

同深色西装配套的鞋子，只能选择深色、单色的皮鞋。黑色牛皮鞋和西装最般配。磨砂皮鞋、翻毛皮鞋不是正装皮鞋。

配正装的皮鞋，系带皮鞋是非常正规的选择，三截头皮鞋最正式。鞋跟在二厘米左右，不钉金属鞋掌。船形皮鞋、盖式皮鞋、拉锁皮鞋、皮凉鞋都不是正装皮鞋。确保皮鞋永远清洁。

袜子一般是深色、单色，黑色最正规。袜筒的最佳长度，以坐下时不露出袜口为宜。

女士正装

国际上更认可裙装为女士正装。套裙是正装首选。

套裙即上衣是女式西装，下衣是裙子。也可以是连衣裙外加西装上衣。两件套裙装时，上衣和裙子既可是一色，也可用上浅下深或上深下浅两种不同的色彩。穿着同色套裙，可以用不同色的衬衫、打底衫、毛衣，领花、丝巾、胸针、围巾等饰品来点缀。同时，一套套裙的主要色彩不应超过两种，其主体图案不宜是大型花卉、宠物、人物等。裙子最短不短于膝盖以上 15 厘米。夏天应内穿衬裙，衬裙颜色可以接近或浅于外裙的颜色。

黑色、浅灰、浅棕色等单色袜，可以配同色裙子；肉色袜是常规选择，各色裙子都能搭配。穿袜子不露袜口。网眼、镂空，或印有时尚图案的袜子不配正装套裙。

正装的鞋，应是黑皮鞋或和裤子或裙装颜色一致的、高跟、半高跟的船式、盖式皮鞋，前不露趾、后不露脚跟的皮凉鞋也可以选择，只是正规程度稍次于前面几种。

中式礼服礼仪

礼服是在一些正式而又重要的社交场合穿着的服装。民族服装就是中式礼服，这里介绍我们的国服——中山装和旗袍。

男士礼服

男士的中式礼服，就是中山装。中山装是立翻领，对襟，前襟五粒扣，上下四个贴袋，袋盖外翻并有盖扣，袖口三粒扣，衣服的后片不破缝。

穿着讲究整洁干净、熨烫平整。衣领里可以稍许露出一道白衬衫领。内衣不可太厚，以免显得臃肿。无论什么社交场合，都要系好扣子和领钩。

庄重的场合，中山装和衬衣都应该扣齐所有的衣扣，衣扣和领扣不能随意解开，更不要敞开对襟、卷袖子。

一套合身的上下同质同色的毛料中山装，配上黑色皮鞋，显得庄重、稳健、大方，富有中国男子气派。在国外，当主人要求穿正式礼服时，我们穿着黑色中山装赴约，是庄重且符合礼仪的表示。

现在，我们可以看到越来越多的公众人物都穿中山装出席各种重要场合。国家主席习近平，出访参加国宴时，就经常穿改良版的中山装。

现在改良版的中山装是立领、暗扣、暗兜（而不是外贴兜）。有些还饰以龙、凤、梅、兰、竹等中式图案刺绣，更加突出我们的民族特色，尽显中国风，既典雅、庄重、生动，又气场十足。在正式的晚宴特别是涉外晚宴上，还可以在左上口袋放一块口袋巾，以示尊贵身份及对他人、对晚宴主办方的尊重。

男士临时礼服

当临时要穿礼服，而又没有西式或中式礼服，这时可以把西装改成礼服救场。成为礼服的西装应是深色，最好是黑色。在西装前胸袋配上丝帕。当然，如果把普通衬衫换成法式衬衫或者翼领衬衫，配戴袖扣和领结就更好了。（如图 3–2 所示）

女士礼服

女士中式礼服为旗袍。而西式礼服特点是白天密实，夜晚露肤，晚礼服使用闪光布料及装饰品。

旗袍是我们中国女性最靓丽的服装，更显东方女性魅力。作为礼服的旗袍最好是单一颜色，一般常在绸缎面料上刺绣或饰物。开衩不宜太高，以到膝关节上方 1 寸至 2 寸为宜，旗袍一般长到脚面。配穿高跟鞋、半高跟鞋或中式高跟缎面布鞋。和旗袍相配的内衣款式和颜色上也要精心选择，要求妥帖、无痕，丝袜口不允许从旗袍开叉处外露。纽扣全部系好，否则会给人轻浮感。旗袍外面可以搭

图 3-2　正装改成临时礼服

中式风格的绣花外套、披肩，别有一番韵味。

而现在备受欢迎的改良版旗袍，下摆长至小腿肚，有的两边不开衩，更适合出席白天的重要场合穿着。（如图 3–3 所示）

女士临时礼服

当女士要参加晚宴或重要的社交活动，而又没有旗袍或西式礼服怎么办？

可以用中式长裙或连衣裙，如黑色的无袖连衣裙（俗称小黑裙），外加真丝披肩。另外，披肩对女士来说可以百搭，选用上注意和裙子的主色有些差别，可以起到互补作用或呼应作用，而不是选用和裙子颜色接近或一样的。比如，黑裙再配黑披肩就显得效果欠佳。脚穿高跟鞋。

可以佩戴适度夸张的首饰，不一定非要多贵重，要的是良好视觉效果。

了解国外的姓名

翻译小陈在接待来自西班牙的客人时，刚一称呼就引来了尴尬，给客人留下了不礼貌的坏印象。原来，西班牙客人名字是迭戈·罗德里格斯·佛朗哥·巴蒙德，小陈认为他们也是西方人，应该和英美国家一样，后面是姓氏，所以就称呼对方佛朗哥·巴蒙德。但对西班牙人来说，正确的称呼应该是佛朗哥或者迭戈·佛朗哥。连人

图 3-3　旗袍是中式礼服

的名字都称呼错了，难免让人觉得不礼貌。

外国人的姓名和中国汉族人的姓名大不相同，姓名组成、排列顺序都不同。

英美人的姓名排列是名在前、姓在后。如John Wilson即约翰·威廉，John是名，Wilson是姓。还有人沿袭用父名或父辈名，在名后缀以小（Junior），或罗马数字以示区别。John Wilson，Junior，即小约翰·威廉，George Smith，Ⅲ，即乔治·史密斯第三。口头称呼一般称姓，如“怀特先生”“史密斯先生”。正式场合一般要全称，但关系密切的常称本人名。亲友间除称本人名外，还常用昵称（爱称）。

西班牙人姓名常有三、四节，第一、二节为本人名，倒数第二节为父姓，最后一节为母姓。一般以父姓为己姓。已婚妇女常把母姓去掉而加上丈夫姓。口头称呼常称父姓或第一节名字加父姓。

葡萄牙人姓名也多由三、四节组成，前一、二节是个人名字，接着是母姓，最后是父姓，简称时称呼个人名一般加父姓。

俄罗斯人姓名一般由三节组成，姓名排列通常是名字、父名、姓，也可以把姓放在最前面。如伊万·伊万诺维奇·伊万诺夫，伊万为本人名字，伊万诺维奇为父名，伊万诺夫为姓。妇女婚前用父亲的姓，婚后多用丈夫的姓，本人名和父名不变。俄罗斯人一般口头称姓，或只称名。为表示客气和尊敬时可以称呼本人名字和父名。

为特别表示对长者尊敬时，也可以只称父名。

匈牙利人的姓名，排列和中国人的相似，姓在前、名在后，都由两节组成，如纳吉·山多尔，简称纳吉。有的妇女结婚后改用丈夫的姓名，只是在丈夫姓名后再加词尾“ne”，译为“妮”，是夫人的意思。姓名连用时加在名字后，只用姓时加在姓之后，如“瓦什·伊斯特万妮”，是“瓦什·伊斯特万”的夫人。妇女也可以保留自己的姓和名。

阿拉伯人姓名一般由三节或四节组成，第一节为本人名字，第二节为父名，第三节为祖父名，第四节为姓。如沙特阿拉伯前国王费萨尔的姓名是“费萨尔·伊尔·阿卜杜勒·阿齐兹·伊本·阿卜杜勒·拉赫曼·沙特”，其中，费萨尔为本人名，阿卜杜勒·阿齐兹为父名，阿卜杜勒·拉赫曼为祖父名，沙特为姓。正式场合应用全名，但有时可省略祖父名，有时还可以省略父名，简称时只称本人名字。特别是有社会地位的上层人士都简称其姓，如阿拉法特就是穆罕穆德·阿贝德·阿鲁夫·阿拉法特的简称。

日本人姓名顺序和中国相同，但姓名字数常常比中国汉族姓名字数多。最常见的由四字组成，如中田英寿，前两字为姓，后二字为名。但又由于姓与名的字数并不固定，二者往往不易区分，所以事先一定要向来访者了解清楚，在正式场合中应把姓与名分开写，如“中田　英寿”。一般口头都称呼姓，正式场合称全名。日本人姓名常用汉字书写，但和汉字读音则完全不同。

缅甸人仅有名而无姓。常见的缅甸人名前的“吴”不是姓名而是一种尊称，意为“先生”。常用的尊称还有“杜”，是对女士的尊称，意为“女士”；“貌”意为“弟弟”；“玛”意为“姐妹”；“哥”意为“兄长”；“波”意为“军官”；“塞耶”意为“老师”；“道达”意为“博士”；“德钦”意为“主人”等。比如，某男士叫“刚”，长辈称他为“貌刚”，“同辈”称他为“哥刚”，如是军官则称为“波刚”，如有一定社会地位则称为“吴刚”。

泰国人的姓名是名在前姓在后，如巴颂·乍仑蓬，巴颂是名，乍仑蓬是姓。未婚妇女用父姓，已婚妇女用丈夫姓。口头尊称无论男女，一般只叫名字不叫姓，并在名字前加一冠称“坤”，意为您，如“巴颂·乍仑蓬”，口头称呼“坤巴颂”。泰国人姓名按照习惯都有冠称。平民的冠称有：成年男士冠称为“乃”，即先生，如“乃温沙·沙旺素西”；已婚妇女冠称为“娘”；未婚妇女为“娘少”，即小姐；男孩为“德猜”，即男童；女孩为“德英”，即女童等。贵族的冠称按国王分赐的爵位高低分五级，有昭披耶，披耶，拍，銮，昆（1932 年实行君主立宪制后，贵族爵位逐步消失）。妇女的冠称为“坤仁”，意为夫人、太太，如“坤仁玛妮·乍仑蓬”。王族的冠称按和国王的亲疏关系分为 12 种：拍娘、昭华、公摩拍耶、公摩拍、公摩銮、公摩昆、公摩蒙、翁昭、蒙昭、蒙叻察翁、蒙銮、蒙（平民出身的妃子）。根据泰国的有关条例规定，蒙昭以上的王族才算嫡族，即亲王，蒙叻察翁以下都算是王族后裔。如蒙叻察翁沙旺·素甲森讪兰。宗教冠称有：佛教僧侣用“颂德”“拍摩哈”“拍”，伊斯兰教徒用“哈吉”。

不同的称呼礼仪

国际交往中，正确恰当地使用称呼，既可以显示出自身的修养和风度，也是向他人表示尊重友好的一种礼仪。由于各国、各民族语言不同，风俗习惯各异，表现在称呼上差别很大。如果称呼错了，不但会闹出笑话、引起反感，甚至还会产生误会。

曾风靡一时的美国电视剧《成长的烦恼》中，父亲杰生、母亲麦琪和三个孩子组成了幸福的一家子。孩子经常直呼他们所尊敬的父亲杰生和母亲麦琪姓名。最小的孩子本恩对姐姐卡萝尔和哥哥迈克也是直呼其名。

很多中国人都感到很惊讶：那个小男孩竟敢直呼哥哥姐姐名字甚至父母的名字！在中国人看来，长幼有序，对长辈绝对不能“直呼其名”，否则就是大不敬的行为。

在中国，小李、小刘这样的称谓，让人感觉很亲切，但这样的称呼外国人却让他们反感；反过来，外国人喜欢用名字称呼对方，表示亲切，如称呼林心如女士“心如”。中国人称呼亲朋好友往往用“大哥”“大姐”“大叔”“大婶”之类，还喜欢用他人头衔前面加上姓氏来称呼，如“赵局长”“钱处长”“孙部长”之类；而外国人用于称呼的正式头衔只用于法官、高级政府官员、军官、医生、教授和高级宗教人士。除此之外，无论男士还是女士，无论年龄、身份相差多大，也以“你”相称，甚至可以直呼其名，不仅没有不尊重的感觉，反而显得十分亲切。

但德国人对“您”与“你”的使用极慎重，不同场合、年龄、关系都不能随便用。初次见面，对成年人应当称“您”。对年满14周岁的学生，教师也要用“您”这一称呼，否则会被认为不承认学生应有的地位。而法国人则普遍喜欢使用第二人称，含义为“您”。

表现在称呼上，中外的尊卑观念及表达尊卑观念的方式差异很大。比如在中国，年轻人称呼年长的人，在姓氏后面加一个“老”，以示尊敬，如“您老”“李老”“周老”。可在国外，“老”却意味着衰朽残年，无所用处，所以忌讳“老”字，包括称呼上，否则会引起对方的不悦。

国外一般对男士称先生，对女士称夫人、女士、小姐。已婚女士称夫人，未婚女士统称小姐。不了解婚姻情况的女士可称小姐，对戴结婚戒指的年纪稍大的可称夫人。这些称呼可冠以姓名、职称、衔称等。例如，“布莱克先生”“议员先生”“市长先生”“上校先生”“玛丽小姐”“秘书小姐”“护士小姐”“怀特夫人”等。

对地位高的官方人士，一般为部长以上的高级官员，按国家情况称“阁下”、职衔或先生。例如，“部长阁下”“总统阁下”“主席先生阁下”“总理阁下”“总理先生阁下”“大使先生阁下”等。但美国、墨西哥、德国等国没有称“阁下”的习惯，所以在这些国家可称先生。对有地位的女士可称夫人，对有高级官衔的女士，也可称“阁下”。

君主制国家，按习惯称国王、皇后为“陛下”，称王子、公主、亲王等为“殿下”。对有公、侯、伯、子、男等爵位的人士既可称爵位，也可称阁下，一般也称先生。

对医生、教授、法官、律师及有博士等学位的人士，均可单独称“医生”“教授”“法官”“律师”“博士”等。同时，可以加上姓氏，也可加先生。例如，“卡特教授”“法官先生”“律师先生”“博士先生”“马丁博士先生”等。

对军人一般称军衔，或军衔加先生或女士，知道姓名的可冠以姓与名。例如，“上校先生”“莫利少校”“维尔斯中尉先生”等。有的国家对将军、元帅等高级军官称阁下。

对教会中的神职人员，一般可称教会的职称，或姓名加职称，或职称加先生。例如，“福特神父”“传教士先生”“牧师先生”等。有时主教以上的神职人员也可称“阁下”。

在日本，对妇女一般称女士、小姐。对同事、朋友或熟人，一定要在名字前加姓氏。如果知道对方的职业或身份，则要称其职务。称呼同学、朋友和同事习惯用“君”。例如，“铃木君”“山本君”，对于上级或不认识的人则不用。对老师、作家、医生、律师、编辑及其他社会地位较高的人士称“先生”，如“中岛介川先生”。

握手礼节有乾坤

来自新闻网2017年11月13日的消息。美国总统特朗普刚刚先后访问日本、韩国，在与日、韩总统握手时主动性程度的不同上，被外界解读为美国政府对待这两国亲疏有别的关系。甚至其中一国的媒体还以“我们赢了”报道此事。我们在国际交往中，如不想给他人留下对我们不利的想象空间，就必须注意包括握手礼仪的细节。

握手是世界最通行的致意礼，在国际交往中行握手礼要注意什么呢?

怎样握手

握手时，上身稍向前倾，伸出右手向受礼者握手。这是平等而自然的握手状态。

如果不是表达谦恭备至或特别热情的场合，一般不要主动伸出双手相握。

除了关系亲近的人可以长时间握手，一般握两三下、三五秒钟足矣。不要太用力，但漫不经心地用手指尖“蜻蜓点水”式去点一下也显得无礼。两手一碰就分开，时间过短，好像在走过场，又像是对对方怀有戒意。而时间过久，特别是拉住女士或初次见面者的手长久不放，又显得虚情假意，甚至会被怀疑“想占便宜”。

想要表示自己的真诚和热情时，也可以较长时间握手，并上下摇晃几下。

掌心向下握住对方的手，是傲慢无礼的握手方式。

在非洲，握手时如果有气无力，被称作“礼貌不周”、毫无诚意。尤其在阿尔及利亚，握手越用力越受尊敬。他们认为，用力的程度跟对方好意的程度成正比。

握手时不要看向第三方或显得心不在焉，而是微笑注视对方并问候。

问候时语气直接且肯定，并在加强重要字眼时，紧握对方的手，来强化对你的印象。

握手顺序

握手顺序上遵循“尊者决定是否相握”的原则。如果是公务场合，主人、身份高的人先伸手；社交场合女士则是尊者，如果对方是男士，无论身份多高，都有权决定是否和他握手，都是主动伸出者。当女士没有先伸手则男士只能点头致意。男士握手前应先脱下手套、摘下帽子和墨镜。

人数较多时，可以和每一个人握手，也可以只跟相近的几人握手，向其他人点头示意。

当客人抵达时，应由主人首先伸手和客人握，以示欢迎；客人告辞时，应由客人首先伸手和主人握，以示请主人留步。

握手禁忌

以左手和他人相握。无论是有意还是无心，都很失礼。

两人握手时与另外两人相握的手形成交叉状。基督教信徒认为，这种类似十字架的形状很不吉利，而欧美国家大部分人都是基督教徒。

有些国家不可以随便和女性握手。比如，信仰伊斯兰教的国家女性一般不会主动跟男性握手，而海湾国家的女性绝对不跟男性握手。

忌跨门槛握手，即一只脚在门里，一只脚在门外。

拒绝握手。当有手疾或汗湿、弄脏而不方便握手时，必须解释：“实在对不起，我的手……”以免造成不必要的误会。

还有戴着手套、墨镜，左手背在身后或左手插在衣袋里握手；握手时面无表情、不置一词或点头哈腰，过分客套；握手时瞪眼看向对方。这些都是失礼的。

拥抱礼节并不简单

在国外，拥抱礼是常见的见面礼和道别礼。

正式的拥抱礼，两人面对站立，各自举起右臂，将右手搭在对方左臂后面；左臂下垂，左手扶住对方右腰后侧。以自己的方向而言，先左侧拥抱，再右侧拥抱，最后再次左侧拥抱。拥抱时，也可以用右手掌轻拍对方的左臂后侧，以示亲切。普通场合不必这么讲究，拥抱次数一下、二下或三下都行。

拥抱时间的长短，视双方关系亲密程度而定。礼节性的拥抱一般时间较短，双方身体也不必贴得很紧。在欧洲、美洲、澳洲等国家，男女老少之间都可以行拥抱礼。而在亚洲、非洲的绝大多数国家，尤其在阿拉伯国家，拥抱礼仅用于同性之间。

一位中国的留学生初来美国学校报到。一位热心助人的美国姑娘，帮他把行李搬到房间，然后还简单地聊了几句。在美国姑娘离去的时候，他拥抱和亲吻了那女孩一下，以示感谢。让他想不到的是，一会儿警察来了，把他铐上就走。原来那位美国姑娘报了警，说他性骚扰。他向警方解释说在国内看的美国电影，电影里面美国男女之间拥抱和亲吻是很平常的事。

即使在美国这样个性张扬的国度，拥抱也要看场合、看关系，并不是任何一个陌生异性之间都可以拥抱、亲吻的。现在的美国，男士即使拍拍女同事的肩膀，都有可能会受到警告。

东欧的斯拉夫人十分热情，拥抱的动作最大，热烈而有力，被称为“熊式拥抱”。而拉美人的拥抱如同握手一样普遍。

中东、西欧和非洲的有些民族则有拥抱肩头或脸颊的习俗。在也门，当晚辈拜见或告别长辈，要用双手紧紧抱住长辈的双肩，并尽情亲吻其肩头。而在西班牙，男士见面则有拥抱肩头的习俗。

喀麦隆人、中非人和埃塞俄比亚人有“拥抱脸颊”的习俗。在喀麦隆，亲友见面时先握手问候，然后互贴脸颊以示亲热。为使两人的脸颊紧紧地贴在一起，双方均要用手抱住对方的头用力往自己脸上搂。在中非，要抱住对方的头往自己右脸颊上贴一下，左脸颊上贴两下。在埃塞俄比亚，亲朋好友见面时，总是互相搂住对方肩头，让双方的脸颊频频相碰，接触的次数越多表示关系越密切。

不一定了解的吻礼

《信息时报》曾报道，杭州爱乐天使合唱团在莫斯科大学礼堂演出结束后，该校新闻系主任雅辛·查苏耳斯基教授上台，礼节性地亲吻演员的右手表示祝贺。其中，一个女演员被亲吻时急忙把手抽了回来，放在身后使劲擦，足足擦了一分钟。这让查苏耳斯基教授十分尴尬。

吻礼分为两类：一类是亲吻礼，即两人面部接触并以吻表达情感的礼节。另一类是吻手礼，是以吻手背表达情感的礼节。

欧美人，特别是意大利、法国、荷兰、德国、美国人，多喜欢“亲吻礼”，但亲吻礼对象不同，亲吻的范围界限也不同，“不能越雷池半步”。阿拉伯国家的吻礼只亲吻对方一边面颊，且限于男士之间。

行亲吻礼时，往往与一定程度的拥抱相结合。亲吻礼依双方关系的亲疏程度不同，亲吻的部位也不尽相同。父母及长辈对子女及晚辈一般只吻额头部位；晚辈吻长者，只能吻长者的下颌部位；朋友、同事间一般吻左右面颊；情侣或夫妻之间吻嘴唇，以示爱慕之心；交往不深的男女之间，男士只能吻女士的手指或手背。

行吻手礼时，男女双方相距约 80 厘米。眼睛注视着对方，男士主动屈膝弯腰向前鞠躬，向女士发出吻手礼的邀请。女士如果愿意接受吻手礼，则伸出右手，手心向下，手轻轻向左前方抬起约 60 度。男士则抿住唇部在女士手背上轻吻一下，再将手缓缓松开，礼毕。手腕及其以上部位是行礼禁区。如果女方不伸手，则不宜行吻手礼，但如果女士在行吻手礼后有擦手的动作，是对行礼男士的不尊重。行吻手礼时要一视同仁，不能厚此薄彼。

英国的朋友见面常以握手为礼，很少用到拥抱礼和亲吻礼。在英国，任何男士都不允许向英国女王行吻手礼，否则被认为是一种冒犯。俄罗斯前总统叶利钦不顾英国王室禁忌而强吻英国女王的手，让英国人尴尬至今。行吻手礼仅限在室内，在街道上或是车站、商店等公共场合都不适用。

其他见面礼节

还有其他几种见面礼节，在国外也常遇到，国际交往前我们一样需要了解。

贴面礼节

贴面礼经常和拥抱礼一起使用，主要在欧洲和阿拉伯地区使用，尤其是法国。

行礼的时候，两人对面站好，相隔大约可以互相拍肩膀、握手的距离，头往前伸，一边脸稍仰起来，轻轻地在对方伸过来的脸上贴一下。贴脸的次数，两下、三下、四下都有，法式贴面礼贴五下的都有。就自己的方向而言，一般先贴右脸。在阿拉伯地区，贴面礼只限于熟识的男士之间。

合十礼节

合十礼，就是双手十指并拢相合为礼。双掌十指在胸前相对合，手指并拢指尖向上，掌尖与鼻尖基本持平，双手掌尖略向前倾斜，双腿站直，上身微欠，低头。行礼时，合十的双手举得越高，越体现出对对方的尊重，但不高于额头。

行合十礼时，可以口诵祝词或问候对方，也可以面含微笑，但不能反复点头。在东南亚、南亚信奉佛教的地区及我国傣族聚居区，合十礼应用普遍。

鞠躬礼节

鞠躬礼，在国内除了服务岗位的接待场合外，主要适用于向他人表示感谢、领奖或讲演之后、举行婚礼或参加追悼活动等。

行鞠躬礼时，脱帽立正，双目凝视对方，然后弯腰、上身前倾，女士双手自然相搭在小腹前，男士双手自然放在体侧。下弯的幅度越大，所表示的敬重程度就越大。鞠躬的次数，喜庆场合不宜连鞠三次，一般追悼活动时才用三鞠躬的礼仪。

在日本、韩国、朝鲜，鞠躬礼应用普遍。

寒暄聊天有讲究

詹莫斯·尼芮是新闻记者，她刚刚从北京回到纽约总部。在办公楼乘电梯时遇到了一位中国同事，她笑着跟中国同事打了招呼，这位同事关切地说："詹妮弗，你胖了！"詹莫斯·尼芮说，如果她以前没有来过中国的话，中国同事说了这样"关切"的话，可能会让她顿时瞠目结舌、产生误解。她现在知道，中国同事说出这样的话来并不一定是对你无礼，那只是向你表示友好和关心。

中国人热情好客，在人际交往中饱含热情和坦诚，嘘寒问暖，似乎没有可保留的。像年龄、职业、收入、婚姻状况、子女等话题，觉得都是理所当然的闲聊话题。

中国人的"去哪儿""忙什么呢""吃了吗"等，都只是类似于"你好"的寒暄语，是不必非得具体回答。但如果以此问候国外人士，就有干涉他人私事的嫌疑，显然会让对方无法接受。而"吃了吗"这句话，在外国人看来和打招呼没有关系，而是认为你要邀请他去吃饭，他们的下一句话可能就是建议你去哪个饭店请他吃饭了。

比如，所买物品的贵贱，在外国人看来，如果询问所买物品的价格，是在探问对方的经济条件、能力，这同样也是不能用来寒暄、闲聊的谈资。

但在国外特别是西方国家，还有像年龄、地址、工作单位、收入、婚姻、家庭、信仰、个人行为动向等话题，都是个人隐私范畴，忌讳他人问及，所以都不能用来寒暄。西方人见面时如果是上午则说“早上好”；下午则说“下午好”；傍晚则说“晚上好”。和熟人打招呼则以“你好”作为开场白、问候语。谈论天气显然不存在干涉他人隐私这样的问题，所以，寒暄时使用最频繁的话题，也就是天气的状况或预测“今天天气看起来不错”，然后再谈及其他，如体育、音乐，或者再谈论共同感兴趣的话题。但不宜谈及政治、宗教信仰、种族问题等，这些话题的观点既容易产生歧义，又难免带有偏见，难以达到交流的目的。

交谈的时候，要尽心倾听，有问必答，不要轻易打断他人的说话或者随便走开，更不应有面带倦容、打呵欠、看手表等不耐烦的举止。而当他人出现打呵欠或者看手表等举止时，就应适时结束聊天。还要注意谈话“男女有别”，男士不能加入女士谈话圈内的议论，和异性谈话要简短、谦让，争论有节制，不能随意开玩笑。

正式场合发言礼仪

据《中国新闻周刊》报道，“首届世界大城市高层论坛”上，有25个国家近60个城市的市长和市长代表参会，中国某些市长的发言表现遭到了媒体的非议。报道中说，某些市长发言时不讲场合，千篇一律，用的全是平时政治生活中使用的那一套“话语系统”，讲政治宣传得多、讲问题研究得少，以致外国的市长和记者感觉中国的市长都是一个面孔，听得“云里雾里，不知所云”。

被邀请发言时，应礼貌地向对方表示感谢后欣然接受，这时候不必再推辞、客套。处在什么样的位置，就应该恰如其分地发言，如果不是代表一定的身份，就不能动不动说代表自己的国家。同时，发言时应该尽可能地“速战速决”，并不是说得时间越长，人家越喜欢听，就越能听得明白。美国前总统林肯最著名的《葛底斯堡演说》花了不到三分钟的时间，却成了美国最精彩的文章之一；而马丁·路德·金的《我有一个梦想》演讲也只花了17分钟却激励了一个时代。

到了意大利，没有必要再面对意大利人开篇大谈意大利悠久历史和灿烂文明，这一点意大利人自己更清楚。而有一些特殊的名词，如中国的“解放”“改革开放后”“十一届三中全会”等字眼不应该出现在中国人对外的发言中，这些字眼对国外人士来说可能根本不知道你在说什么。这样特殊的名词如果用具体的年份表示则更能让人明白。

发言时，不用再在称呼上给对方戴高帽，如“尊敬的……”。可以直接说“女士们、先生们……”首先就要开宗明义地感谢对方，言简意赅，一两句话就行了。即使觉得有必要评价对方的历史、文化，只要几句话就行了，不用费上几分钟。应该多用数字说话，这样更显得准确、精练，最忌讳那种“好像”“大概”“可能”模棱两可的用词，这样的用词会让外国人觉得你是浪费大家的时间。发言是为了谈问题或者提出办法，所以发言时应该尽快进入实质问题，时间就是金钱，不能寒暄不止、本末倒置。

自己发言时，应不时地和在座者进行眼神交流，不能只顾低头看发言稿。偶尔表达出轻松的微笑，再配合眼睛经常环视会场上的每个人，既显示自信，又说明重视会场上的全体听众。

他人发言时，应该关注着发言者，不时地在表情上进行交流，如不时微笑、点头等予以配合。他人发言，哪怕有不同的意见也要耐心听人家把话说完再发言，打断他人说话是非常失礼的。

在需要去专门的发言席发言时，注意步速正常，步态自然，刚劲有力，抬头挺胸，双眼平视前方，表现出成竹在胸、自信自强的风度和气质。双手自然地放在讲台两侧。没有讲台时，双手垂放在身体两侧，或操作多媒体、握住白板笔、遥控笔及做手势等。不能把双手放在裤子口袋内，或是不自然地交叉手臂演讲。

站时挺胸收腹。不必两脚并拢站立，但双腿分开不宜过大，一般以约一脚的长度为宜。

左右不停换脚、倚靠在讲台上，频繁来回踱步、抖脚、不停眨眼转眼，用遥控笔或食指指点他人、站着双手抱在胸前，摆弄双手，手或手拿遥控笔在空中不停挥舞，都是消极的动作。

邀请他人发言时，手指并拢手心朝上（手掌与地面约呈45度角）做抬起状邀请。

时间观念不能马虎

据《信息时报》报道。内地游客在某迪士尼乐园的种种不雅行为被曝光后，引起了旅游业界的一番讨论。一位广州旅游界资深导游介绍，虽然近年来中国游客在国外随地吐痰、乱扔垃圾等现象已经比较少见，但缺乏时间观念、说话喧哗的陋习却依然存在。谈到游客最常见的不文明行为，几位资深导游异口同声地表示是时间观念的淡薄。

我们的时间观念

我们的时间观念问题，主要不在于迟到的问题，而在于对时间的随意性及由此引起的时间观念淡薄问题。

我们不少人对待时间的普遍态度和方式是模糊、随意，不太习惯提前若干天安排好时间。没有预约的突然造访和临时约请都相当普遍，即使提前预约也仅在很短的时间之内。

对待约定，迟到一会儿是常事，理由很多，跑错地方、堵车、看错时间、临时有事等，其实就是缺乏时间观念，准备不足。

2017 年在某省会城市，一位女士在高铁车门即将关闭时，挡住车门等老公。虽然事后解释说事先跑错车站而耽误了时间。但实际上还是事先准备不足：没了解清楚乘车地点、没算好时间，临到发车时间又要让高铁和全车人等自己的老公……

被邀请参加宴会等这样的场合，我们往往晚到甚至被主人电话催几次才显得正常。这并不是说不珍惜时间，而是觉得这样处理才礼貌：我不是贪吃的人，我推辞再三才来，是更看重友谊的表现。

另外，很多职业人士在时间分配上往往公私不分，下班以后谈公事或是上班时间谈私事、办私事都被认为是很寻常的事。这同样也是时间观念的问题。

欧美人时间观念

大部分的西方人认为时间是生命，浪费时间就是浪费生命，对时间的看重，就是对生命的尊重。他们珍惜时间，在生活中往往对时间都做了安排和计划，并养成了按时赴约的习惯。如果想拜会他人，一定要提前预约，预约时间通常在一周以上。没有预约而突然拜访或是临时约请对方，对方一般会拒绝你，并很容易对你产生不好的印象。他们把工作时间和个人时间区分得很清楚。如果是工作交往，应选择在对方的工作时间里进行；如果是私人交往，就要选择在对方下班后的时间里进行。

拜会、会见、会谈、约会按时到达，国外特别是西方国家的会议和演出都是准时开始的，在活动开始前就座才符合礼节。参加招待会、宴会，可以正点或者略迟两三分钟到达；对于特别正式、隆重的大型宴会万万不能迟到；参加会议或者出席文艺晚会等，应提前到达；沙龙、舞会迟到几分钟不算失礼。早到等于守时，但也不应早到太多，否则同样也不会给人留下好印象。

另外，在与对方商定约会时间的时候，也要考虑到交往对象的习惯和方便与否。尽量不要占用对方的休息时间或工作过于繁忙的时间。特别是宗教节日，更不应该去打扰。

他们认为迟到正常

欧洲的意大利人、希腊人，平时交往中迟到十几分钟认为很正常。亚洲的印度人、菲律宾人，交往中迟到半小时甚至一小时在他们看来并不认为不礼貌。中南美洲及一些中东国家，预约时也只是一个大概时间，如果一方按约定时间赴约，那常常要等上一个小时甚至更长的时间。对阿拉伯人来说，工作远不如家庭、朋友及宗教来得重要。秘鲁是有名的“迟到大国”，国民奉行一套特别的“秘鲁时间”，习惯在约定时间过了 1 小时才出现。

据《环球时报》报道，为改掉爱迟到这个数百年的传统陋习，秘鲁政府推出史无前例的“秘鲁准时”计划，呼吁公民于2007年3月1日中午12时齐齐对表，统一时间，企盼养成守时习惯。

不可盲目提供帮助

一位留学生谈她初到欧洲的体验，有一天在回家的路上遇到邻居的太太开车过来，那位太太问她：“搭我的车一起回吧？”她客气地回答：“不用了，谢谢你的好意。”那位太太听完后就开车扬长而去，让她后悔不迭。原来她只是习惯性地说客气话，是希望人家继续劝她。但外国人觉得如果执意提供帮助反而是不尊重对方的表现，这样的帮助是盲目的，不受欢迎的。

在国外尤其是西方国家，“尊老”的观念有些不同。比如，公交车上给老人让座，搀扶老人过马路，帮老人提拿重物等这些“帮助”，并不是受欢迎的行为。因为在他们自己看来，只要是他自己能出门、自己手里拿着重物，就完全有能力自己解决这些问题，他人的帮助是多余的，是对他们的怜悯。

和女士一起参加社交活动，应为女士提供必要的帮助，比如上下楼梯时主动伸手相搀，即使没有特殊关系，也可以这样，这是绅士风度。女士也可以欣然接受。与他人一起外出，或接待时可以提供协助，如提拿重物、行李，但对个人随身小包不应帮忙提拿。

对于他人的帮助，如果确实需要，就应立即欣然接受并表示感谢，如果礼节性地谢绝，对方会认识你不需要，如果再继续提供帮助他们反而认为是不尊重你。

对他人正在做的、职责之内的事情，没有必要提供“帮助”，否则就会认为你怀疑他们的个人能力，虽然这种帮助在你看来是举手之劳。比如，他人撰写了一篇材料，请你看一下，如果你“热情”地擅自“帮忙”直接做了修改，即使修改得再专业、到位，对方也会认为你非常不礼貌，不尊重他的劳动成果，无视他的工作能力。

如果对他们有意见，就直接告诉对方，这就是最大的帮助。千万不要在背后议论，或跟其他人讲，否则他们会觉得非常受伤害。

注意距离讲究分寸

在电视剧《杨光的快乐生活》中，总经理黄大发请来意大利设计师 Rose 为其设计地产项目，并安排 Rose 暂时住在杨光还没入住的新房里，杨光二话没说就把房子钥匙给了 Rose。Rose 经常请杨光帮忙，并亲切地喊杨光为“我的太阳”，这一来二去，两人关系很不错。直到有一天 Rose 说房子钥匙找不到了，杨光才惊讶地发现 Rose 早就把房子所有钥匙都换了。在外国人看来，关系不错是一回事，即使房子是你的，但现在我住，就是我的个人空间，就有保护个人空间的绝对权利。

中国人的热情友好是人们公认的，但这种“热情”在外国人看来，有些不可接受，甚至被认为不礼貌。比如，聊天时对家庭、婚姻情况详细询问以示关心；被邀请去他人家里时，即使没有邀请也会主动“参观”主人的各个房间包括卧室……

在国外，人与人之间交往应酬时，会根据双方关系的不同，和对方保持着适度的距离。

表现在空间上，两个人在交往场合需要保持一定空间距离。相距过近会让对方产生被“侵犯”的感觉，相距过远则会让对方感到“冷遇”。在国际交往中，人和人距离小于0.5米之内，仅适用于家人、恋人和至交。距离为大于0.5米小于1.5米，适合于一般性的交际应酬，所以也称为“常规距离”；距离大于1.5米小于3米，适用于会议、演讲、庆典、仪式及接见，意在向交往对象表示敬意，所以又称“敬人距离”；距离在3米以外，适用在公共场所和陌生人相处，称为“公共距离”。

在举止上，和外国人相处，动作上不能过分随意，否则会被认为失敬于人甚至产生误解。诸如，朋友相见彼此拍拍肩膀；长者遇见孩子，抚摸头和脸；两名同性在街上携手而行（阿拉伯国家男士之间除外）。还有，未经邀请不能擅自去他人家里，即使被邀请到他人家里做客，没有获得主人许可，不能随便翻阅、翻动物品，更不能进入其他房间，认为这都是尊重私人空间的体现。即使是自己父母，在没有获得许可之前也不能翻动卧室里的私人物品。

“关心有度”。相互之间的关心以不使他人觉得受到限制，甚至影响私事和自由为度。比如接打电话时，其他人不应侧着耳朵听，更不能充当“包打听”；除对方告诉你之外的或者因工作必须了解的个人信息外，不能打听对方的任何个人信息，包括婚姻状况、亲人情况、个人经历，宗教和政治信仰等。

热情有度。待人热情友好是应该的，但更应把握好“度”即分寸问题。这个“度”就是一切都以不影响对方、不妨碍对方、不给对方增添麻烦、不令对方感到不快、不干涉私生活为限。比如，受到邀请参加聚会，无论是在家里还是其他场所，都不能带被邀请之外的人去，即使非得要带也须提前和主人协商并获得同意。切记，无关的事，不问、不听、不看。

注意手机礼仪

出国在外，手机和护照一样重要，缺一不可。手机礼仪要注意什么呢?

手机里，包括手机保存的图片里，聊天群里，甚至包括聊天工具的表情里，都不可以有涉嫌色情的图片、视频。很多国家的海关对此查处很严格。

手机应放在随身携带的包里或上衣的内袋里。

和他人说话，绝不能同时低头看手机或编写短信、微信。

开会时，把手机关机或调成震动状态后放在不起眼的地方，如手袋里、衣服口袋里，不应放在桌上。

飞机起飞后、降落前，无论业务多忙，都应按该趟航班的规定使用手机。现在很多航班规定在飞机起飞后，可以在手机的飞行模式下使用。但飞机上是公共场所，必须考虑到不应妨碍他人为宜，如音量应控制好，以不干扰他人为宜，即使飞机上对此没要求，自己也应自觉做到。

来自快科技头条2018年1月22日的消息。据报道，英国歌手Jessie J在社交媒体上吐槽，在飞机上中国乘客使用手机时，居然一边看视频一边将声音外放，带来了极大的噪声，让人非常崩溃。

和他人谈话时，如关机怕影响和外界的联系，可以调成静音，这是对双方的尊重。在影剧院、宴会上，要把手机关机或调成静音状态。在加油站不可以使用手机。

手机信号弱时先挂机，稍后再联络，禁忌大声呼叫。声音大小并不能改变信号的强弱。

在和他人面对面正式沟通时，绝不能同时低头编写或者发短信。

拍照要考虑到当地风俗、他人隐私，不要不管不顾地想拍就拍。

戴耳机听歌时，不要跟着哼唱，否则会不自觉地唱出跑调的声音，影响他人。

公职人员还要注意，保密工作中也应包括手机通话、短信或微信，涉及保密的事项不要以为通过手机就肯定没事。

通晓参加舞会礼仪

某明星年轻时在国外应邀参加一次舞会。那天，他花了不少工夫，将自己打扮得“随意而有亲和力”：一件花格体恤、一条浅色牛仔裤、一双浅色休闲皮鞋。

“我很早便去了。按了门铃之后，门房打开大门，吃惊地望着我。但他还是引我到了会客室，并大声通报了我的名字。”他说，“屋里果然有一些客人，但他们都穿着整齐、鲜亮的礼服。我觉得有点惊讶，国外舞会穿着这么正规？”“男女主人热情地请我共用晚餐，结果我度过了最悲惨的一晚。坐在我身旁的两位浓妆艳抹、身份尊贵的妇人竟然连招呼也没和我打，侍者也都用可怜的眼光看着我。”

较正式的舞会通常在晚上举行。可以作为一项单独活动，也可以作为宴请的余兴活动。遇有重大喜庆节日，有些国家的舞会甚至通宵达旦。较正式的舞会一般会发出请柬，请柬上会注明舞会起止时间，客人可在其间任何时候到场和退席。

国外对参加舞会的着装有一定讲究。一般男士是白色领结和大燕尾服，这是最得体的装束。通常穿正式程度稍逊一点的小燕尾服，黑领结和小燕尾服一样能够被各种舞会所接受。或者至少要穿西装、皮鞋。女士穿长裙（中国旗袍也可以作为女士舞会礼服），可以佩戴最漂亮的首饰，无论是不是真的珠宝。穿无袖或无肩带女裙的女士可以戴长手套。开始跳舞或晚宴时，应该脱掉手套。女士穿裤装参加舞会是非常不礼貌的。

舞会上第一场舞，应由主人夫妇、主宾夫妇共舞（如夫人不跳，也可由已成年的女儿代替）。第二场舞，由男主人和主宾夫人，女主人和男主宾共舞。然后，男主宾应轮流邀请其他女宾，而其他男宾则应争取先邀女主人共舞。

参加舞会的人一般会事先邀请一人共同参加舞会以作自己的舞伴，在舞会上第一支舞都要和自己的舞伴跳，然后才能和其他人跳。如果邀请其他女士跳舞，要在一支舞曲奏响之后，男士大方地走到女士面前邀请。如果女方的家人同在，则要先向女方的家人点头致意，并征得他们的同意后，走到女方面前立正，略微欠身致意说："小姐，可以请您跳舞吗？"有时候，还要向陪伴女方的男士征求："先生，我可以请这位小姐共舞吗？"得到允许后，再与女士走进舞池共舞。女士不想跳舞，可以婉言说"累了"或者"身体不适"之类的托词，并致以"对不起"的歉意。被谢绝的男士不应再向女士强求。但如果是女士邀请男士共舞而被男士拒绝的话，这位男士就显得非常失礼了。一位女士面对两位或者两位以上的邀请者，最能顾全他们面子的做法，是全部委婉地谢绝，或者按"先来后到"为顺序，接受先到者的邀请。男士要避免只和一位女士共舞。同性共舞也是不礼貌的，意味着他们宣告不愿意邀请在场的任何一位异性，无形中表明他们是同性恋关系。跳舞时，男方用右手扶着女士腰时，手势是手掌心向下向外，用右手大拇指的背面轻轻挽住女伴腰部的正中，而不是掌心紧贴腰部。男方的左手应掌心向上拇指平展，将女伴的右掌轻轻托住，而不是随意地捏住或交叉握住。女士的左手轻轻搭着男方的右肩。跳舞时不能吸烟、戴口罩。

一曲音乐结束时，男士要点头致意或道谢，也可以将女士送归原位。

国际商务谈判礼仪

作为公司的谈判高手，冯经理被委任为首席谈判代表和日本公司谈判。这是公司拓展国际业务后的首次重要谈判。冯经理自信满满，但结果却以失利告终。

谈判中，冯经理他们高兴地发现，每当他们提出一个意见时，日方代表都微笑点头。他以为这次谈判特别顺利，心想“日本人很讲究效率嘛”。直到他拿出合同样本给对方时才震惊地发现，日本人并没有同意他们的任何条款！这一下子把他们的节奏全打乱了。原来，以讲究礼仪著称的日本人，在谈判中点头仅仅是一种礼貌，表示“我听到了”而已，并不表示对方同意任何观点。

不同的文化背景、思维习惯，在国际商务谈判上表现得尤为明显。国际交往中，要获得最佳的谈判效果，必须对不同的谈判礼仪有所了解。

我们中国人喜欢在处理细节问题前，先就双方关系的一般原则取得一致意见，把具体问题安排到以后的谈判中解决，即“先谈原则，后谈细节”。在国际商务谈判过程中，非常注意维护面子，看重立场、重视友谊。所以即使是对方做出让步，也说是“双赢”，觉得这样才是“和为贵”。

而大部分国家的人谈判，习惯“先谈细节，避免讨论原则”。认为细节是问题本质，细节不清楚，问题实际上就没得到解决，原则只不过是一些仪式性声明而已。所以他们比较愿意在细节上多动脑筋，把利益看得比立场更重要，对于原则性的立场问题讨论比较松懈。在谈判中对待事物的态度，取决于其是否能为自己带来实际价值，是否会损害自己的利益。

在国际商务谈判中，不迟到是起码礼貌。而且交谈中应尊重当地风俗，不对他国政治、宗教等妄加评论，也不宜主动谈论个人私事。谈判日期应避开他们的祷告日或礼拜日。一些日常禁忌的礼仪行为在谈判中同样要注意，如谈判中跷起二郎腿、目中无人地抽烟等。另外，在西方、日本等发达国家，和他们商务谈判时强调自己的政府背景或者政府特殊支持，容易被他们理解为不一定能严格按市场规则办事，双方合作意味着难以保证他们的利益。

美国人的谈判总是注重预约晤谈。时间地点，谈多久，都是预先约定。双方见面之后，稍作寒暄，便开门见山，直接进入谈判正题，很少有不必要的废话。而且非常重视律师与合同的作用，谈判时他们尽可能让律师参加。

德国人谈判时，严忌谈判期间神聊或节外生枝地闲谈。

和英国人谈判时，不要拒绝同主人一起去打高尔夫球，因为很多合同往往是打高尔夫球期间签订的。英国人谈判时欣赏对手提建设性意见。因此，应当利用他们的“修养与风度”，耐心细微地启发诱导，并佐之以有说服力的证明材料，有理有据而平和婉转地点出问题，使其出于面子不得不放弃原有立场。

和意大利人谈判时，要把关系的融洽和谈判的利益区别开来，时刻保持清醒的头脑。

和葡萄牙、西班牙商人谈判时，不要一下子和盘托出自己的意见，否则会陷入被动。

比利时人注重地位、外表和服装，他们认为谈判对手也应该这样。和他们谈判时，要注意尊重对方，维护其较强的自尊心。

初次和日本、韩国人谈判的时候，通常都要经过中间人。和日方谈判，要把保全他们的面子作为需要注意的首要问题，而耐心是谈判成功的保证。日本人是集体决策，所以可能会多人反复问同一个问题，不要表现得不耐烦。忌用律师、会计师和其他职业顾问作为主要谈判人员。如果有日方高级官员在场，他们的作用只是礼仪上的，和他们讨价还价没有用。日本人把谈判中先做出单方面让步看作弱者，或言行不一的人。他们在谈判中的“点头”仅是一种礼貌，表示“听到了”，并没有同意或者接受你的观点。（如图 3–4 所示）

新加坡人以勤奋闻名，通常谈判是快节奏的，常以渐进的方式做出让步，开始时幅度较小，以后每次谈判再做大的让步。

和印尼人的谈判过程一般较漫长，要有足够的耐心。谈判可以在高级行政人员之间或下级具体执行人之间展开。如果有条件聘用当地代理人则更利于谈判。

和印度人谈判前要做好充分准备，多以事实和数据说话。由于他们的决策来自上层，所以应尽可能地直接与高层人士打交道。谈判中尽可能避免发生争议，一旦发生争议，则应想办法控制局面，转移问题的焦点，避免纠缠不清。

中东各国人不习惯谈判一开始就转入正题，认为这样有失身份。在谈判前和谈判开始时，要主动热情地进行广泛友好的交流，选择他们喜欢的话题，甚至先请他们喝上一杯咖啡，使双方心情放松。时间观念相对较松散，在充分准备的前提下注意耐心周旋，步步为营，不能操之过急，以防止对方突然中断谈判。

和中南美洲人谈判要尊重他们的自尊心和礼俗。洽谈时把握分寸，留有余地，尽量加强感情的交流，增强谈判桌外的交往，以增进相互了解与友谊。最好不要只局限于谈判本身。

图 3-4　日本人的点头并不意味认同

公职人员外事纪律

公职人员往往都了解、掌握一些国家机密，或者对国家的形象意义重大。身在国外时，除了交往礼仪，还要注意外事纪律，否则稍不注意可能影响国家形象，甚至给国家造成损失。

有些事不能做

来自《中国纪检监察报》2017年11月8日的报道。某国企两位领导干部就进口原材料事宜出国考察，在某国际机场中转回国停留期间，经人推荐，各自购买了两本外国学者所写歪曲我军历史、诋毁诬蔑我国老一辈国家领导人的所谓揭秘类书籍，并私自携带入境。之后，二人将该书借给亲朋好友传看时被公安机关查扣，从而受到严厉处分。

不得携带或购买色情书刊、图片出入境，歪曲中国或国家领导人的书刊也不可以买。手机上也不应保存色情类图片或聊天表情。

不负面评议国家领导人和国家的大政方针，对于不知情的道听途说，不附和他人的说词，哪怕对方是你熟悉的华侨或和同事私下议论也不可以，小心隔墙有耳或被窃听。即使调侃或开玩笑也不应该。大家熟知的某央视著名男主持人，就是在一次看起来随意的、都是“熟人”（包括外国人）的饭局中，调侃、负面评论国家前领导人，被人拍下放到网上，从而造成极坏影响，个人被撤职。

严格请示报告制度，不越权擅自做主处理涉外事宜。不擅自离开驻地，如有特殊事情需单独行动时，通过正常程序向团长请假。

未经许可不得擅自与外国任何机构和个人联系，不接受陌生人的单独邀请。

因公接洽期间，不私下交往。谈判、签订协议合同等重要活动时，有谈话记录。

不做不利于祖国的行为。特别是正式场合，更要注意言语谨慎、行为三思。

国内的敏感事件，不做任何评论，以免被别有用心者利用。

国际交往中应有组织观念，不过分表现自我、张扬自我，如未经授权，代表组织、代表国家出去不要擅自行动，否则个人行动很容易被别有心者利用和误导。对外交往场合说话办事注意请示和汇报，外事无小事、事事要请示。

国际交往中，平等、友善相待他人，不分国家大小、强弱、贫富，不分生人熟人。

严禁酗酒。酒醉误事的例子不胜枚举。即使平时嗜酒如命，在对外交往中，在国外时也必须无条件注意，即使有条件饮酒时，也不得超过本人酒量的三分之一。

外事保密问题

党的十九大代表、女翻译、军职人员刘芳，在国外曾几次遇到有预谋的策反。她的处理方式是保持警惕、不理睬，第一时间离开事件发生地并立即向组织报告此事。

做好保密工作，少一点好奇与侥幸，不该说的不说，不该做的不做，管住自己的嘴，守好自己的位。

出国时秘密文件、资料必须严格地按规使用。严禁自行携带秘密文件、资料出国，包括装有此类信息的笔记本、电脑甚至优盘、移动硬盘。不得携带机密文件、资料外出游览、参观、探亲访友及出入公共场所或搭乘公共交通工具。

凡向国际科学技术会议提交的学术论文，不应涉及国家机密。应对方要求而提供的技术资料（包括对外报价资料）、重要谈判讲话内容、发言提纲等，也不能涉及国家机密。出国访问考察所得的技术资料和技术情报，只能作为内部交流，不得公开发表，资料的来源不得对外泄露。除非国外已经公开发表。

在对外交往中，不得把内部秘密向外国人（当然也包括华侨）泄露，也不能将没公开的事项随便讲（包括行程），这里的讲，不仅是口头上，还包括现在通信或聊天工具，包括发朋友圈。如需研究重要对策，应选择在保密的地方进行。

用电话联络或向亲友发私人信件，不得涉及国家机密，也不得涉及第三国的机密。

个人行李物品注意严格保管，提高警惕，发现可疑情况立即报告，并进行检查。

遇到策反、挑拨、拉拢、威胁、利诱时，应有理、有节的斗争，并在事后及时告诉团、组领导向我驻外使领馆报告。发现其他可疑情况或意外事件，也同样应及时报告。

因公出境期间需要个人行动时，必须向团、组长说明去向和返回时间，得到批准后才能外出。外出时随身携带护照等证件，以备检查。未经我驻外使领馆或我驻港澳机构同意，不得离团单独在外留宿。

小提示大道理

国外大部分国家的人都很在意自己的度假时间。所以因公出国都应提前了解并避开所去地区的法定假日时间，包括宗教节日。另外，在欧美等基督教信仰地区，13 日和周五，特别是 13 日和周五在同一天时，应避免邀约、拜访活动。

第四课

出国旅游观光礼仪

THE
FOURTH LESSON

他山之石

2013年2月，影星黄渤发布微博：“那日帕劳潜水，正为上帝的奇作美景唏嘘不已，突看见水面漂浮一烟盒，心中暗骂哪儿来的无德之人。突然看见烟盒上‘中华’两个大字！臊得我上去一把捏在手里，像做贼一样生怕被别人看见……”

同年5月1日，1名中国女游客在展示刚刚从海里捞出来的珊瑚时，被马尔代夫当地的潜水教练谴责。

我们很多人都看过中央电视台的公益广告《谈吐篇》吧。还记得镜头那个放在纽约时代广场、写有“请勿吐痰”四个汉字的垃圾筒吗？实在让人汗颜。

出国旅游就是为一睹国外不同的自然和人文风景。旅游时，不管是自己的言行、举止，还是他国的风俗、制度，都应做到有礼有节，遵守尊重。

公共场所举止礼仪

2007 年《南方周末》一篇《中国游客在海外成不文明代名词震动中央高层》报道，在海内外引起很大反响。报道中称中国人在国外成了不文明的代名词，“除了加塞、随地吐痰等常见‘症状’”外，很多中国人“缺乏公共空间的基本礼貌，肆无忌惮地大声喧哗是其中一种表现……还有碰撞他人后毫无感觉，也不致歉；在车上哄抢座位；随地吐痰和小便，吃饭时大声咀嚼”……

而来自参考消息网 2016 年 10 月 29 日的消息。一群内地游客日前在意大利五渔村国家公园海岸参观时，发现清澈海水中有大批海胆，有人竟直接跳入海里捞捕。一意大利渔夫想阻止，向导游说这海胆还太小了，不能捕捞；但根本挡不住大妈大叔们的威力，一个个扑通跳水，拿起海胆就对着镜头拍照，合照完了，有大妈竟拿起石块，熟练地向海胆猛敲“现杀”。在场的意大利人，看得目瞪口呆。

公共场所并不意味着可以随心所欲。大家公认的公共场所应做到的文明举止有：爱护环境、控制音量、收敛举止等几大方面。

爱护环境

清洁干净是文明程度的象征。不乱扔垃圾，不随地吐痰。出行时可以自己准备一个垃圾袋，随时把自己产生的垃圾放到垃圾袋里，最后再扔进垃圾筒。如果要吐痰，可以吐在手纸里，包起来后放到垃圾袋或直接扔进垃圾筒里。在国外，随地吐痰被认为是最恶劣的行为之一。而吸烟只能在有吸烟区标志的公共场所进行。

用完洗手间冲干净后再走。洗完手后烘干或擦干手，而不是四处甩手。用后的纸巾丢入垃圾筒。

控制音量

已故台湾学者柏杨在《丑陋的中国人》一书中讲过一件真实的事情：两个中国人在美国街边说话，美国人认为他们要打架，急拨电话报案。警察来了，问两人在干什么，他们说："我们正在耳语。"外交部 2007 年 8 月发布的《中国领事保护和协助指南（2007 年版）》中，特别要求中国公民在国外的公共场所勿大声说话。海外很多接待中国游客的导游最大感触之一，就是中国人在公共场所说话音量太大，让人感觉不礼貌。（如图 4–1 所示）

向他人打招呼，两人相距较远，可以挥手示意，或者紧走几步到附近再喊，不要隔着很远就大喊大叫。

在汽车上、飞机上、购物场所、咖啡厅、饭店、宾馆、电梯间

图 4-1　公共场所注意音量

等任何公共场合，大嗓门都是非常不礼貌的。在一些特殊的场合，像图书馆、博物馆等场所，连走路都应尽可能放轻脚步，以免打扰他人。即使在酒店自己的客房里也应保持安静。不仅包括说话，还包括手机铃声或接打手机的声音、自己所持物品发出的声音。

收敛举止

坐火车时，大件行李应放在行李架上。火车上禁止脱鞋，同样也不可以把脚伸到对面座位上。不在座位上吃气味大的食物。

坐飞机时，听从机组人员指挥，遵守飞机上的一切规定。做好起飞降落的准备，收起小桌板。多年坐飞机的经验告诉我，坐长途飞机时应多喝水，补充水分。这样在下飞机的时候，会感觉好一点。不要长时间占用洗手间。座椅后摇时先向后座打个招呼。吃东西轻一点，不要掉落得哪儿都是。等飞机完全停稳后再起身拿行李。

乘坐大巴时，按规定系好安全带，不可以嫌麻烦而不系。这更重要的是对自己生命的敬畏。

在外国人眼里，插队行为是对所有排队者的不尊重。任何有其他人的场合，人人都应排队接受服务，即使总统来了也是如此。并且人与人之间要保持一定的距离，不要前胸贴后背。“占位”现象会被人侧目。

公共场所的自动扶梯或自动行人传送带一般都注明右边供站立，左边让人步行快速通过，并要遵守先出后进或先下后上的规矩行走。

过马路必须看红绿灯、走斑马线。直接“跨栏”、攒够一撮人直接闯红灯都不可以。

餐厅里，遵守当地的习俗文化，包括着装要求。叫侍者时应举手示意而不是大声呼喊。点菜时，只点菜单上的，不应随便为难侍者或导游，点菜单上没有的或自己特殊要求的做法。

自助餐厅里，获取食物注意少取勤跑，不浪费食物。饮料即使免费，也不应该外带。近来，泰国、马来西亚、新加坡等国家的一些自助餐厅贴出“本餐厅饮品，请勿灌装外带”和“请就餐时，少拿勤取”等中文告示，实在让人汗颜。（如图 4–2 所示）

另外，当众剔牙、毫无掩饰地咳嗽或打喷嚏等，穿着睡衣在酒店房间外面走也都被认为是不礼貌的。

应知道的小费细节

《新民晚报》曾报道了中国人在国外的七个失礼行为，首当其冲的就是付小费问题，很多中国人认为那些服务人员是在上班拿着工资，他为自己服务是理所当然，所以死活都不肯给服务人员小费。其实在国外大部分国家，接受他人的服务并提供小费，成了一个约定俗成的规矩。

国外大部分国家的服务业都很发达，小费无处不在，并影响到了世界上绝大多数的国家。小费对服务人员来说是一项重要收入，对顾客而言可以换来满意的服务。

图 4-2　自助餐应少取勤跑

怎么付小费

需要给小费的岗位有：酒店门童、行李员、送餐员、客房服务员；餐厅领位员、服务人员、乐手、卫生间保洁员；美容师、发型师、泊车者；出租车司机；影剧院衣帽厅服务人员、节目单发放者、剧场领位员；旅游观光的导游员、驾驶员。当然，还有其他一些行业流行付小费。

在不同的国家付小费的方式也不同。有的把小费列入账单，除宾馆、餐厅外，把小费打入账单比较少见。可以不取找零。也可以多付现金当作小费。或私下将小费给服务人员，这种方式最常见，即消费者悄悄将小费塞到服务人员的手里。还有将小费放在床头、茶盘或者酒杯之下。有的国家禁止收小费，但消费者可以送小礼物给服务人员。

要付多少小费

每个地方付多少小费也是有讲究的，既不应少给，也没有必要多给。给少了，会被认为吝啬、对服务的不尊重；给多了，会被当作故意炫耀。

一种是按照一定比例付小费，如在酒店，小费占消费总额10%~15%；在餐厅，小费占消费总额 5%~20%；出租车，小费为15% 左右；在酒吧，占消费总额 15%；美容美发，按本人消费额的10%~20% 给小费。还有就是按照各地约定俗成的小费额度来支付。例如，在宾馆，给门童应该在 1 美元左右；给客房服务员的小费在

1~2 美元；在机场、港口、火车站，按照行李件数给行李员小费，一般一件行李大体算 0.5~1 美元；给存车者 1 美元左右；观看影剧时，给领位员和节目单发放者的小费为 0.5~1 美元。

不是处处付小费

并非任何场合、对任何人都要付小费。

坐长途汽车和飞机，存取行李时，酒店柜台上的服务员，餐厅领班服务员、售货员、自助洗衣店的服务员等，不必给小费。还有像警察、海关检查员、大使馆职员、政府机关职员等公务人员绝不能付小费。

在日本，一般不必付小费，如果付小费甚至会让人讨厌。但在饭店，应给服侍进餐的女招待 2000~3000 日元的小费。另外，也要给行李员和陪同人员一定数目小费作为报答。

而在新加坡，禁止给服务人员付小费。

乘出租车礼仪

在国外工作或生活，乘出租车出行也是常事。国外出租车，一般都有特殊的标志，中国的出租车车顶的中部牌子上写着“出租”或“TAXI”，国外的上面常写着“TAXI”或字母“T”。

在中国，只要是空的出租车，如果没有违反交通规则，一般都随叫随停。而在国外有些国家，必须在出租车招呼站才能叫到出租车，除非刚巧碰到有人下车的出租车才能直接乘坐。意大利则是被称为“打不着出租车的国度”，因为意大利的出租车多设在机场、火车站和市中心的一些广场，用车一般打电话预约。在英国打电话叫出租车非常方便，即使在路上拦到了空车，价格也比预约的贵不少。在韩国，打电话叫的出租车往往是高档的，价格也较贵。在巴黎乘出租车时，坐到副驾驶座之前先看一下有没有宠物狗的标志，如果有那就意味那是狗专席，乘客只能坐在后面。

国外出租车一般由接到预约电话就开始按表计价。有些落后地区还要事先谈好价格。到达目的地后一般要付给司机小费，一般是车资的 10%~15%，甚至 20%。有时还按距离远近，行李多少适当加费。

乘出租车时，按“先下后上”的原则，让车内乘客下车之后打车的乘客再上车。在出租车内吸烟是不礼貌的行为。如果有三位乘客时，后座通常只坐两位。如果车上的人连同司机一共五位的话，应当让尊长坐在后面，让晚辈或者身份稍低的人坐在司机的旁边。

下车时，应尊重司机的安排，将车停靠在方便停车的地方再下车。

自驾车礼仪

首先应了解当地交规，应特别注意的是靠左行驶还是靠右行驶，各国的交规往往不尽相同。不能以在国内的习惯想当然行事。

世界各国现行的交通规则，从通行走向上可以分为两类：靠左行和靠右行。中国、美国、加拿大、俄罗斯及所有欧洲国家（除了英国、爱尔兰等）和南美国家都是“靠右行”。“靠左行”的国家主要有英国、爱尔兰、马耳他、澳大利亚、印度、巴基斯坦、日本、泰国、印尼、南非、斯里兰卡等。这些国家中除日本外，其余都曾是英国的殖民地，之所以“靠左行”，完全是受了英国的影响。日本也因为仰慕大英帝国的雄风，才有了“靠左行”规则。但由于美国的原因，日本的冲绳却靠右行。另外，中国香港因受英国的影响，中国台湾因历史原因也“靠左行”。英国、日本、澳大利亚等国家，车辆驾驶座在右边；车辆和行人都在路右侧行驶或行走；过马路的时候不是“左右看”，而应“右左看”。

遵守红绿指示灯，晚上行车规范使用大灯，尽量不要按喇叭，不要想当然地乱停车，走高速不占应急车道、不往车外扔垃圾等，无论在哪儿，这些都是要注意的文明驾驶行为。

开车遇到警察盘查，听从指示别轻举妄动，包括不能擅自下车解释或从口袋里掏东西。警察要求靠边停车时，在国内一般习惯性地主动掏出证件并呈上。但在国外如美国，马上掏口袋容易被误认为要掏枪反抗。国外很多国家都允许合法持枪，有的则是枪支泛滥。所以遇到警察盘查，不当举止很容易被误认为要掏枪反抗。特别是语言交流不畅，更会加深这种误解，导致悲剧发生，需要小心冷静。只有双手放在显眼位置（如方向盘上）、按照警察指示行事才不会造成误会。

另外，变线不打转向灯、蛇形驾驶等在美国则属于违法行为，不仅会吃罚单，情节严重时还会被抓去坐牢。

观看比赛礼仪

当年广岛亚运会的开幕式结束，全世界惊讶地发现，几十万日本人从体育场退场后，现场居然没有丢掉的垃圾！2014年6月14日，巴西的累西腓，虽然日本队首战1：2落败，但在现场观战的日本球迷并没有混乱，而是知道周围没有垃圾桶，自备塑料袋开始清理垃圾。抛开历史问题、民族情感不说，就其对赛场礼仪的遵守、对环境的爱护，是值得赞扬的。礼仪是一种习惯，也是个人素养和人生观的直接外在体现。

首先就要遵守当地的习俗，以及当地比赛场馆对观赛者的其他特殊规定。

体育比赛有很多种。对于着装，有些比赛是有要求的。比如，网球、台球这种绅士运动的比赛，就应穿戴整齐，男士可以穿西装、中山装，女士可以穿裙装（裙子应过膝盖）。如果夏天在露天场地，也可以适当变通。

注意保持赛场内的环境卫生，自己产生的垃圾要丢进垃圾筒或者自带的垃圾袋里。

在观看比赛中，为运动员鼓掌是基本礼节，无论谁胜谁负，都应该对他们的辛勤付出和拼搏精神报以掌声，这也是对运动员的尊重。所以观看比赛时不鼓掌或难得鼓掌并不是受欢迎的表现。鼓掌的正确做法应该是鼓励弱者，赞扬强者。所以鼓掌和喝彩不应有明显的倾向性，对自己不喜欢的运动队或运动员喝倒彩、吹口哨、发怪声，甚至骂脏话，这不仅是失礼，而且也有失风度和国格。

在球类比赛中，在开球时或打球的过程中不宜鼓掌，等进球或得分时再鼓掌。双方连续多回合拼斗时，应该为双方运动员的拼搏精神而鼓掌。在网球比赛中，一般要等得分之后才鼓掌，中途和开球时不要鼓掌。

不影响他人观看比赛，是运动场上需要注意的基本礼仪。看到兴奋之处，即使手舞足蹈也要注意不要挡住后面的视线。

不辱骂、污辱运动员、教练和裁判；不向场内投掷物品以发泄自己的怨气；无论自己喜欢的运动队输赢，都应能坦然处之，不闹事。尊重赛场的有关事项规定，尤其在观看网球时，来迟了应等一盘结束后再入场，中途入场是失礼的。

拍照不要用闪光灯，手机也要调为震动。一些运动对声光的要求很严格，如乒乓球、羽毛球、滑冰等运动项目。在比赛中途退场也是不好的。在比赛结束后，要等运动员向观众致意后再退场，并按顺序离开赛场。

欣赏演出礼仪

据《钱江晚报》报道，某海外演出团体在杭州演出舞剧时，鉴于“从来没有遭遇过昨晚那样热闹的场面”，以及在演出中熟人之间大声打招呼、随便拍摄、迟到早退等不文明的现象，让主办方非常尴尬。使剧团总监助理不得不无奈地在演出前向观众郑重提出，希望大家管住自己的手机，遵守基本的观看礼仪。

在国内观看演出，可能很多人都不知道一些礼节，也就显得没什么。但到了国外，大家都严格遵守观看演出礼仪，如果我们不遵守礼节，就会让人侧目成了不受欢迎的观众。

在国外，特别是在西方等发达国家，上大剧院观看演出是一种隆重高雅的社交活动，服饰均按最隆重的场合穿戴，就像出席正式宴会。剧场秩序要求一般都很严格，不用说在剧场里喧哗，就是衣冠不整也会被礼貌地拒绝入内。

接到观看文艺演出的请柬，能否出席及早回复。如不能出席，已送来的票则要按主人意见处理。请柬如附有座位号码，应对号入座。如没有座位号，应尊重剧场引座员的安排。

如果是音乐会，戴帽的男士一进入音乐厅即应摘帽，并脱去手套。女士则可以着披肩、戴纱面罩和手套入座。遇到熟人微笑点头示意就行了。

注意礼貌地向邻座示意，请对方让自己通过。通过让座者时应跟对方正面相对，不可以让臀部正对着人家的脸。

迟到的观众，听从场务人员的安排引导入场。如果是观看舞台剧或者音乐会，则要等待一幕或一曲（一个乐章）结束后再进场，或是等到幕间休息时再入场。而且，很多文艺演出还禁止带幼儿入内，以免干扰他人的正常欣赏。

剧院内当然禁止吸烟。观看舞台剧、音乐会、戏剧、大型文艺演出时，禁止吃任何食品，往往也不允许将有色饮料带入场。在观看电影时，吃带壳的食物或发出声响的食物是不受欢迎的，吃零食发出咂嘴的声音更会让人侧目。在演出中应保持肃静，不要谈话，不要大声咳嗽或打哈欠。而打瞌睡也同样是对演员的不尊重。

节目演出进行中不要鼓掌，不要叫好，更不要吹口哨。如果是音乐演奏会，则要选择在恰当的点鼓掌，否则既不礼貌也会影响演奏。如果是文艺表演，演出全部结束后热烈的掌声是表达对演员的真挚谢意。除有政治问题外，一般都鼓掌。像演唱会这样的文艺演出，除必要的与演员一起互动、鼓掌等发出声音外，其他的噪声必然会干扰他人或者演员的演出。

大部分国家都禁止在演出期间摄影，这既是为了保证演出效果，也是为了维护剧团的知识产权。拍摄电影、电视、照相、录音，尤其是现场转播，事先必须征得剧团同意。如果是音乐演奏会，演出过程中，不要因拍照而随意加灯光。

演出结束、灯亮之后按顺序退场。

旅行住宿礼仪

前几年《参考消息》关于国人出国旅游不文明行为的一篇报道，在社会上引起巨大反响。报道中说，中国大陆游客赴境外旅游的诸多不文明行为，如“插队、蹲踞路边、出现在饭店禁烟区抽烟的情况”，另外，像在飞机上大声说话、长时间占用洗手间，随地吐痰、排队加塞等，使中国人成了不文明的代名词。

出国旅行时，首先要准备齐重要的证件票据。类似机票、护照、身份证这样的东西非常重要，不但要谨慎保管，而且在出发前还可以多复印几份留在家里备用。另外，证件照片、钱币、信用卡，甚至国际驾照、有效的联系电话等，最好也分门别类地整理好放在随身携带的包里，这样需要使用时就能加快办理各种手续的速度。

需要准备常用药，包括感冒药、创可贴、消炎药、止泻药、止痛药等。必要的处方药还要请医生开具病历单并用英文（或相应所在国的文字）书写，这样万一在国外必要时，可以尽快获得药物治疗，既可省却排队候诊、医生问诊的时间，还能节约费用。

还应准备一些小礼物，无论是较正式的公务会谈还是私人间的交往，一件精心准备的小礼物则会让自己更受欢迎。即使是纯粹的外出旅游，适当带几件有特色的小礼物给当地的导游、陪同等，也会备受欢迎。

如果要带充电变压器和转换插头等，一定要和所去国家的相吻合。比如在欧洲，饭店内插头的插孔大都是圆的，电压有的国家是110伏，有的国家是220伏，这些都需要提前了解清楚。很多国家的饭店都不配备牙具、剃须刀和拖鞋，最好自带；大部分饭店不提供电热壶或者热开水，喜欢喝开水的人可以随身带电热杯。

有的国家购买隐形眼镜需要有医生的处方证明。如果使用的是日抛型的隐形眼镜，最好自己准备足够的数量。

在酒店里住宿，当门童为自己开启大门，或向自己问好的时候，要表示感谢或予以回应。酒店保安因职责所在，碰上对方打量或盘问自己的时候，要予以理解和合作。当接受酒店里所提供的各项服务时，对为自己服务的工作人员，同样要充分尊重和体谅。另外，穿着睡衣、拖鞋走出客房，以及在阳台上甚至窗外晾晒个人衣物，都被认为是没有修养的行为。

据《华西都市报》2015年5月26日的报道。陈大妈来到美国旅游。入住酒店当晚洗衣服后，陈大妈想找个通风的地方晾，却发现窗户打不开。寻觅一番后，找到墙上不停闪烁发出微弱光线的凸起物，后面是空调出风口，衣服在这个位置挂一夜肯定能干。陈大妈不知道这是烟雾探测器。晾衣架刚挂在烟雾探测器上一会儿就导致探测器上的玻璃破碎，系统以为着火，房内火警喷头全都开始喷水。同时全酒店火警开始报警。一会儿时间，酒店外站满了住客。几分钟后，消防车、救护车、警车全部到达现场。等现场解除警报后，陈大妈的房间已完全浸泡在水里，床、电视机、行李、地毯都湿透了。事后经导游与酒店多次协商后，以陈大妈赔付一万多美元才了事。

档次越高的酒店，设备越先进，遇不明白的可以直接询问服务员或导游。而且有任何疑问或其他难题，都可以向客房服务员、总服务台或公共关系部门咨询或求助。

国外酒店客房内的电话拨打外线收费普遍昂贵。需要从当地往外打电话的需求较大时，可以从当地购买电话卡。

了解酒店房间物品的付费情况。可以问酒店大堂或旅行团的导游，不要想当然。另外，不要自作聪明地偷食酒店的物品或违规使用物品。比如，媒体多次报道过有人把饮料从下面掏一个洞喝掉，从上面看仍像未动过；有人用酒店开水壶煮方便面……

不要在阳台晾晒内衣裤和被子等。英国曾有华人因阳台晾晒女性内裤，被邻居敲门询问是否提供色情服务，连当地警察也“怀疑他们可能在从事色情活动”。一位美籍华人曾在《羊城晚报》撰文称，中国人的一些习惯到了美国让人反感。这位华人认识的几家中国人都被邻居投诉，说他们在阳台上晒衣物。其中一家更雷人，在阳台上一溜排开文胸和内裤，成为社区里的一大风景和笑话。

从酒店外出，最好拿一张酒店的卡片，以免迷路或语言不通时，还有卡片上的酒店电话、地址。

旅游举止礼仪

《羊城晚报》曾援引美国华人的一篇文章。文章介绍，两家中国人在美国南加州海滩玩，发现有螃蟹便抓了几只想带回家美餐一顿，谁知被两个美国老太太看见，立即打电话找海滩管理员要求罚款。由于平时极少有人抓野生螃蟹，所以海滩管理处没有相关罚款条例而无法进行罚款，只好让中国人走，但那两个老太太不依不饶。她们说："中国人就是喜欢吃野生动物，经常有中国人做这种事情，他们不是第一次了。"她们还要打电话找警察并告知当地报纸曝光，一直折腾到傍晚，大概老太太们也累了，才放了那两家中国人。

中国人外出游玩喜欢捡东西带回家做纪念。在国外最好不要这样，以避免不必要的麻烦。

景区是人群密集的公共场所，鉴于文化、习俗的原因，我们在国外旅游时应注意约束自己的举止，拒绝不文明行为，做文明游客。

维护旅游地的环境和生态。垃圾（包括矿泉水瓶）、吐痰或擤鼻涕，都应无条件注意。吐痰或擤鼻涕千万不要当众就来，这是极让人反感的恶习。实在有情况就避开众人且用纸巾包住扔进垃圾筒。

游玩时准备一个垃圾袋，把产生的垃圾先放到垃圾袋里，而不是随处乱丢。当地的土壤、植被、动物、水中生物包括珊瑚等都不应动。我们出国旅游是为欣赏，带走的是美好回忆而不是当地的生态资源。还有随地大小便这样的小事，即使小孩也不能随意。

香港“南华早报中文网”2015年1月4日报道。一辆载着中国游客的巴士在法兰克福一高速路收费站停下。翻译和导游告诉游客，使用公厕每人要交0.7欧元。这在巴士上引起骚动。几个男人决定野外“解决”。导游猜到他们会这样做，因为不少第一次出国旅行的中国游客都这样。但之后发生的事情却让她吃惊：一名衣着光鲜的中年女士也加入“野外解决”队伍。已当了7年的导游李小姐说：“我惊呆了。这位不愿意付0.7欧元的女士，在这次旅程中却花了好几千欧元买一只江诗丹顿手表。”

2015年2月12日的新华网报道。中国驻马尔代夫大使王福康透露，习近平主席2014年访马在会见中国使馆工作人员时曾幽默提示：“提醒我国公民到海外旅游讲文明，矿泉水瓶不要乱扔，不要破坏当地的珊瑚礁。”

尊重秩序。只要涉及有其他人的场所，为尊重先到者并达到最快的前进速度，应主动排队，这也包括不应变相插队，如替其他人先占位置。包括买票、参观、上洗手间等。而且还要遵守靠道路或扶梯的一侧行走的秩序。（如图4–3所示）

图 4-3　排队不应变相插队

拍照不可以随心所欲。几乎所有阿拉伯国家都不能不经允许拍摄女性，尤其是戴面纱的女性。在海湾国家随意拍摄容易引起官司。一般禁酒，有些北非的阿拉伯国家虽开放酒水，但在正式场合餐馆里也不允许卖酒和饮酒，正式宴会上更不能饮酒。拍照在韩国受到严格限制，军事设施、机场、水库、地铁、国立博物馆及娱乐场所都是禁照区域，在空中和高层建筑拍照也都在被禁之列。有禁止拍照提示时，必须遵守。在人流较大的景点排队拍照时，抓紧拍一两张就赶紧走，以便让其他人拍。

尊重特殊规定或习俗文化。有些地方鉴于安全的考虑，会禁止一些行为，对此应尊重、遵守。

来自环球网2017年12月31日的消息。据泰国“世界日报”12月31日报道，素叻他尼府苏梅岛县警方、苏梅岛水警及当地摩托艇协会等相关人员，昨天（30日）继续在出事海域搜寻中国男游客，但依然没有任何进展。报道说，中国男性游客因无视红旗警示而下海玩水，结果被海浪卷走。泰国警方提醒游客在海边游玩时，如看见有红色警示旗帜就千万不要下水。据当地警方透露，经常会有外国游客无视红旗警示而下海玩水遇难，自10月以来，在苏梅岛就已经有2名中国游客溺水身亡。

不在文物上刻画、不攀登文物也是每个人应遵守的。参观寺庙、宫殿保持安静、肃穆，不抚摸陈列的物品。

在泰国，女士进皇宫不可以穿短裙和无袖装，男士必须穿有领的上装，不穿拖鞋。男女均不得露肩。进寺庙要脱鞋，服装整齐、端庄，最好不要穿短裤。遇见僧侣要礼让，女性应主动避让。即使在酒店房间内也不可以玩牌或打麻将。泰国是小费国家，付小费时不要给硬币，当地人认为硬币是给乞丐的。

在信仰伊斯兰教的地区旅游，斋月期间带的干粮和饮品最好用不透明的袋子装上，饥渴难耐时找个无人的角落再吃喝。

在澳大利亚，很多土著社区或领地，需要许可证才能进入，以保证土著居民的隐私。在对土著居民、土著居民群体或土著文化活动拍摄前，要先征求他们的许可。

旅游购物礼仪

来自《新闻晨报》2013年5月24日的报道。有游客预订水下餐厅用餐却晚3小时才到，工作人员不让进，就用钱丢人；在自助餐厅大声喧哗打牌……在新加坡圣淘沙自由活动时，导游明明说旁边的喷水池不能进去，结果一转身有个大妈就卷裤腿下去了，团里另外的人纷纷效仿，令周围异国人士目瞪口呆。在巴黎老佛爷商厦，一个买了好几个香奈儿包的游客，休息时将腿跷到茶几上，完全不顾周围人鄙视的目光……

理性购物

就像我在本书的第一课中介绍的，国外的月亮并非就圆，国外的物品并非样样都比中国的强。所以购物时应理性、有所选择，不做“上车睡大觉，下车掏钱包”的“移动的钱包”。

国外购物特别是在东南亚地区，一样会碰到假冒伪劣产品。尤其是金银首饰、宝石制品、古董文物等高价值商品。绝不能只听信商家可退换的承诺，也绝不要听信商家的“故事”。仅从所谓的古董文物来说，近年从国外包括欧美买回的赝品实在太多。

在国外时身上带的现金要适量，多使用非现金支付方式。中国人多不用信用卡、旅行支票等支付手段，总习惯带大量的现金，这一点已经世界闻名，甚至国外非法之徒专门喜欢盯着中国人实施犯罪。

虽然，有些国家旅游地也支持微信或支付宝付款，但毕竟还不普及，所以最好准备上目的地可通用的信用卡。

在可以砍价的地方，砍价意味着就购买事项进行价格商谈。你所出的价格一旦对方接受就意味着成交。不要砍了半天价，对方同意你出的价，你又不要了。这在人家看来，可能就是愚弄甚至是挑衅。

注意举止

在购物场所穿着不必太讲究，但男士也不能穿着背心甚至光着膀子进出。对销售人员应有基本礼貌，最起码不要用“嘿”或“喂”等失礼性称呼。

尊重购物场所的环境卫生，不可以随地吐痰、乱扔废弃物。购物遇到人多的时候排队、按序购买，插队实在是丢人的事情。

挑选商品适可而止，既不要让工作人员反复取拿，对易碎、易损、易污的商品格外小心，也不要违规拆开商品包装，即使没人监视也应如此。拿出后又不想要的商品，应尽快放回原处，特别是需要特殊保存条件的物品。

销售人员为你递拿商品，或买完东西要离开时，都应说“谢谢”。

在购物场所推手推车，要抓稳，不要碰到他人。停下来看东西时，要把手推车停在不影响他人通行的位置。

即使遇到打折、促销，认为是白菜价，也要注意不要哄抢。这种行为拉动了当地的消费却不能赢得尊重。

在佛教国家购物时，即使物品放在地上，也不可以用脚指向物品或用脚碰物品。这是非常不礼貌的行为。

小提示大道理

在国外必须高度注意安全问题。不要向他人透露自己的行程，避免晚上单独外出。女性即使白天独自外出，对来自陌生人的搭讪也必须保持警惕、保持安全距离，不要随便上陌生人的车。

第五课

品出文化吃出涵养

THE
FIFTH LESSON

他山之石

据中新网2014年6月18日电，美国《世界日报》报道，华盛顿一家高档中餐馆贴出告示，请华人旅行团止步。

为什么有生意不做？这家餐馆的老板也一肚子苦水：若非迫不得已也不会这样做，因为餐馆所在大楼经理数月来多次警告，若继续接待旅行团，就要他们准备搬迁。所以只好在门口贴张英文告示，还加了一行中文字“对不起，不能接待巴士团”。

每天一批批从巴士走下的华人同胞进入餐厅，旁若无人地大声喧哗，插队、不礼让，引起大家的侧目、反感，大楼管理主管只好使出“撒手锏”。

用餐时尽可能降低声音，不制造噪声、不影响他人，这是基本的礼貌。

无论身在何方，“吃”是必须项。我们在填饱肚皮、享受不同美食与文化的同时，也要注意餐饮礼仪。面对不同的饮食，难免有不知如何下手的时候，就像外国人常对一些中国菜手足无措一样。只不过，我们如果能对不同的餐饮礼仪做些了解，在享受美食时无疑会更自信从容、优雅而不失风度。

中外饮食文化差异

《女子文摘》曾在《中国菜在国外》一文中提到，一位中国人应美国同事之邀去家里做中国餐。“煎炒烹炸，鱼香肉丝、番茄肉片、红焖大虾一盘盘香喷喷、油汪汪地出了台……我在厨房哗哗地煎炒，同事则暗自叫苦不迭地在客厅和走廊里，手拿空气清新喷雾剂滋滋地一个劲儿到处喷。在我带着一头一脸的油烟结束战斗走出厨房时，在客人们的赞美声中洋洋得意的同时，终于注意到了主人脸上尴尬的神情，分明在说：下次再不敢在家里做中国菜了……”

饮食观念

中国以独特的饮食文化和美食让世界的吃货们为之倾倒。同时，我们的饮食习惯也和国外有很大差别。

我们中餐烹调的核心是“五味调和”，注重菜肴色、香、味、形、意俱全，注重菜肴的外部表现和口感甚至超过对营养的注重。对火候、用油、配料都非常讲究，饮食倾向于艺术、感性。所以厨房常常是油烟四散。不仅各大菜系都有自己的风味和特色，就是同一菜系的同一道菜，所用配菜和各种调料的匹配，也会依厨师的心情和个人特点有所不同；或者在不同季节、不同场合、用餐人的不同身份加以调整。菜肴的生熟老嫩，调料放什么、放多少，都有自己的做法。无论用餐者口味如何不同，面对的都是同样的味道。请客时，特别是贵客或者远客，如果桌上的菜没有满，会被认为这是怠慢。

国外特别是西餐饮食重“以人为本”，以营养为最高准则，往往不太在意色、香、味、形。比如西餐，烹调的过程都按照规范行事，牛排的味道从纽约到旧金山是一样的，牛排的配菜也只是西红柿、土豆、生菜等有限的几种。菜的生熟老嫩，一般会根据具体每个人的口感来按要求烹制。另外，规范化的烹调要求调料的添加量精确到克，烹调时间精确到秒。即使是调味的佐料，如番茄酱、芥末糊、柠檬汁、辣椒油，也都是自己动手，根据个人喜好现吃现加。餐桌上，所有菜都是每人一份，每道菜量都不大，一道菜吃完后再上第二道菜，让用餐者“量力而行”。

餐饮氛围

中餐大家都是围在一起吃吃喝喝，说说笑笑，甚至划拳行令，努力营造热闹的用餐氛围。

餐桌上作为交际场合，重在交际，让他人体会到自己的热情、善意。所以自己吃不吃似乎不重要，重要的是他人吃好。所以劝菜甚至替人夹菜，被认为是正常的甚至是热情的表现。而作为客人，如果一上菜就主动去吃反而被认为失礼，总需要主人再三劝菜甚至夹菜。还有我们的劝菜敬酒，经常让“老外”不习惯，甚至大呼受不了。我们习惯于“饭局”上人们互相敬酒、让菜、劝菜甚至替人夹菜，觉得这样更便于情感交流。喝酒时，如果一方敬酒特别是主人或身份高者敬酒，另一方只是“意思意思”，会被认为不礼貌，认为“没有酒品”。而且在宴席上频繁碰酒杯，才认为是尽兴、“够意思”。所以中餐里，吃多少、喝多少往往由不得自己。同时，习惯热闹地用自己的餐具直接从公共餐盘里取食。这和国外餐饮大不相同，这一点也被认为是我们中国人不懂礼仪的表现之一。

国外用餐，特别是西餐，习惯幽静的环境，认为在餐桌上注意吃相和保持安静是基本礼仪。国外用餐多是分餐式，每人的菜都一样，每个人都有自己的餐具，食物的量基本都以吃完为准，各管各的，用不着也不存在劝菜。而且不可以碰他人食物，如吃薯片或蔬菜时蘸酱，但自己咬过的薯片和蔬菜就不再去蘸公用酱，如果蘸，就用小碗碟单独舀酱自用。

刚去某国工作的妈妈带着孩子应邀去当地人家做客。女主人做的沙拉很好吃，很显然这对母子都很喜欢，于是妈妈和儿子不停地用自己的叉子咬一口蔬菜然后又蘸公共盘里的沙拉吃，结果其他客人再也没用那盘色拉，同时引来大家吃惊的表情。

另外，举杯祝酒的时候，大家也都是听凭自愿，不劝酒，尤其不劝女宾干杯。

不同菜式了解

据中评社香港讯，在国外的中国人、外国人组成的“跨国”家庭生活习惯的矛盾中，饮食摩擦最典型。某外国丈夫在厨房里鼓捣了两个多小时，端上来一份烤鸡。太太尝了一口后感觉实在太淡了，就往盘子里淋了点酱油、醋，外国丈夫就以把烤鸡倒进垃圾筒的方式对太太表达不尊重其劳动成果的抗议。旅居美国近 40 年，中国岳母偶尔尝外国菜，便没完没了地抱怨“什么味道也吃不出来”，吃奶油鱼会发牢骚说：“啊呀，好东西没做好，全糟蹋了。这哪里比得上红烧、糖醋过瘾。”弄得一起吃饭的人很尴尬。

国外的菜式和我们的中式菜有很大的不同。身在国外，不能只以自己的饮食习惯偏好为标准来评判其他国家的菜式。这不仅是礼貌问题，也是见识问题。

西餐

西餐是对欧美等西方国家菜点的统称。西餐以肉类、奶制品和面食为主，食物内容单调。西餐又具体可以分为法式、英式、意式、俄式、美式等几种。

法式菜，选料广泛（如蜗牛、鹅肝都是法式菜肴中的美味），加工精细，烹调考究，滋味有浓有淡，花色品种多。法式菜还比较讲究吃半熟或生食，如牛排羊腿以半熟鲜嫩为特点，海味的蚝也可生吃，烧野鸭一般六成熟就食用。菜肴重视调味，调味品种类多样。用酒讲究，什么样的菜选用什么酒都有严格的规定。法国人十分喜爱吃奶酪水果和各种新鲜蔬菜，菜和奶酪，品种多样。

英式菜，简洁与礼仪并重。油少、清淡，调味时较少用酒，调味品大都放在餐台上由客人自己选用。烹调讲究鲜嫩，口味清淡，选料注重海鲜及各式蔬菜，菜量要求少而精。英式菜肴的烹调方法多以蒸、煮、烧、熏见长。

意式菜，强调原汁原味，以味浓著称。烹调注重炸、熏等，以炒、煎、炸、烩等方法见长。喜爱面食，做法、吃法甚多。制作面条有其独到之处，各种形状、颜色、味道的面条至少有几十种，如字母形、贝壳形、实心面条、通心面条等。

俄式菜，口味较重，喜欢用油，制作方法较为简单，口味以酸甜辣咸为主。酸黄瓜酸白菜往往是饭店或家庭餐桌上的必备食品。俄式菜的烹调方法以烤熏腌为特色。俄式菜肴在西餐中影响较大，一些地处寒带的北欧国家和中欧南斯拉夫民族人们日常生活习惯和俄罗斯人相似，大多也喜欢俄式菜。

美式菜是在英式菜基础上发展的，继承了英式菜简单、清淡的特点，口味咸中带甜。一般对辣味不感兴趣，喜欢铁扒类的菜肴，喜欢吃各种新鲜蔬菜和各式水果，常用水果作为配料和菜肴一起烹制。美国人对饮食要求营养、快捷即可。

日餐

日本菜是当前世界上一个重要烹调流派，有它特有的烹调方式和格调，在不少国家和地区都有日菜餐馆和日菜烹调技术，其影响仅次于中餐和西餐。

日本菜极讲究形与色，每一道菜都犹如中国的工笔画，细致入密，让人不忍下箸。但却都是冷冷的，决不以香气诱人，有如日本的艺妓，冷艳、矜傲，在秀色可餐和可餐秀色之间，让人们对日本文化有一种爽朗又朦胧的感觉。

日本菜肴称为“日本料理”或“和食”，和日本文化一样，多是受海外影响，后在日本加以改造，从而成为独具日本风味的菜肴。虽然日本菜和中国菜属完全不同的风格，但日本菜肴受中国影响最大，从菜肴名称、内容、材料、调味料，都可见到中国文化的影响。

日本菜在烹制上主要保持菜的新鲜度和菜本身的味道，其中很多菜以生吃为主。讲究“冷品趁冷吃，热品趁热吃”，喜欢保持原料固有的味道及特性，而且必配日本酒。

韩餐

韩国对吃很讲究，一直认为药食同源，看重营养成分和养生价值。葱、蒜、生姜、辣椒、香油、芝麻等调料和香料都被认为是有药性的。食物即使加工也不放过多的人工调味料，而且吃得很清淡、少油腻。韩国菜选材天然素荤搭配合理，追求少而精。无论是食材还是烹饪方式都比较单一，在食材搭配和烹饪技艺上没太过考究。酱是韩国人生活中必不可少的配料，而腌是最常见的烹饪方式。

在外国人看来，韩国最有名的食物要数泡菜，如今已成为韩国的另一个代名词。除泡菜外，还有无数的地方美食：烤肉、参鸡汤、辣炒年糕、京畿道的牛骨汤、全罗南道的全州拌饭、庆尚道的安东炖鸡、济州岛的烤红方头鱼（在济州岛才能捕到的粉红色鱼）……

印度餐

最大特点就是“简单食材 + 主要调料 + 烹饪方式”。食材的选择上相对单一，通常是鸡肉、羊肉、海鲜和各类蔬菜；植物性食物多是些萝卜、洋葱、土豆、豆类等，豆类是印度人每餐必吃的主菜。“咖喱”是印度菜中不可缺少的调味料，印度的咖喱不下 10 种，颜色味道各异。除了咖喱外，洋葱、香菜、椰子粉等，也都是印度菜的重要成分。印度菜所放调料之多，恐怕是世界之最，每道菜都不下 10 种。调料虽然种类繁多，但每道菜都会有一款比较主要的调味料。而菜肴的烹饪方式也相对简单，一般用烧、烤、炒等几种方式。而烧烤，通常要烤成焦黄才可以。印度菜大部分菜都成糊状，以方便用手抓饼或者和米饭拌着吃。许多正式的场合印度人也用刀叉吃饭，但平时还是习惯用手抓饭。

阿拉伯餐

体现了宗教的思想和独具特色的饮食文化。倡导既不过分禁忌，又反对为满足口舌之欲而滥吃狂饮。对食物取材有一定要求，不用大肉、自死物、血液、酒及非诵真主之名而宰杀的牲畜、禽类。饭的特点是甜、香、油腻，主食是手抓饭、大饼或面饼，以西红柿沙拉、洋葱拌辣椒、煮豆、酱等为佐餐，肉类主要是牛羊肉。最具代表性的菜品有烤全羊，即把羔羊除去头脚、掏空内脏，塞满大米饭、葡萄干、杏仁、橄榄、松子等干果为调料，用蛋黄、盐水、姜黄、孜然、胡椒粉等调成糊涂满羊身，放在大火上烤。

墨西哥餐

墨西哥餐是和中国、法国、印度、意大利菜齐名的世界五大菜系之一。墨西哥因受西班牙和古印第安文化的影响，菜式以酸辣为主。而辣椒，成了墨西哥人不可缺少的食品。他们爱把西红柿、香菜、洋葱和辣椒切成碎块，卷在玉米饼里吃，甚至在吃水果时也要撒上辣椒粉。墨西哥人的先民印第安人培育出了玉米，至今用玉米做成的美食还是墨西哥人领先。除了辣，墨西哥餐的特点是以肉为主，少有搭配蔬菜。居民常以龟、蛇、斑鸠、松鼠、石鸡入菜，家常蔬菜要数炒仙人掌、仙人球最富特色。墨西哥菜既可以用手抓，也可以用刀叉。

西餐餐桌礼仪

西餐，是我们在国外接触最多的一种餐饮了。了解西餐礼仪能让我们在用餐时更加优雅且不失风度。

餐具礼仪

西餐中用盘子盛食物，用刀叉即切即吃，喝汤则有专门的汤匙，而且各种不同的酒还有专门的酒杯。使用刀叉的基本原则是右手持刀或汤匙，左手拿叉。如果有两把以上，应由最外面的依次向内取用。也就是说，第一道菜用最外侧的餐具，然后顺序向内推移，每道菜用一副餐具，直到每件都用过为止。刀叉的拿法是轻握尾端，食指按在柄上，不可以跷着小指头拿刀。如果感觉不方便，可以换右手拿叉，但更换频繁则显得粗野。吃体积较大的蔬菜时，可用刀叉来折叠、分切。较软的食物可放在叉子平面上。如果菜肴上桌的时候上面特别附有餐具，那就要使用附有的餐具。

使用刀叉进餐时，从外侧往内侧取用刀叉，要左手持叉，右手持刀。切东西时左手拿叉按住食物，右手执刀将其切成小块，用叉子送进嘴里。使用刀时，刀刃一定要向内。

如果需要说话，可以拿着刀叉，无须放下，但不能挥动刀叉。不用刀时，可用右手持叉，但如果需要做手势时，就应放下刀叉。不要一手拿刀或叉，而另一只手拿餐巾擦嘴，也不可一手拿酒杯，另一只手拿叉取菜。使用刀叉时，尽量不使其碰撞，以免发出大的声音。

汤匙要用右手拿，拿汤匙的柄端，食指在上，按住汤匙的柄，拇指和中指在下面支撑。喝汤时，是由内向外舀。每次不要舀得太满，而且是汤匙的尖端部分对着自己的嘴部。

西餐里经常会有洗指碗——盛着水的精致小碗。上了需要用手解决的菜，如虾，就会同时有洗指碗。换句话说，如果和某道菜同时端上来的还有洗指碗，也就说明这道菜可以“动手”。洗的时候把一只手的手指伸进去轻轻地洗一洗后拿起来，再伸另一只手，然后在餐巾上轻轻地擦一擦。

餐巾使用

《北京青年报》在《用餐时切忌用餐巾擦餐具》一文中提到，用餐中体现个人修养。许多人不知道拿餐巾怎么办才好。应等大家坐定后才可使用餐巾……很多人将餐巾系入腰带，或挂在衬衫领口、垫在骨盘下，或者用餐巾擦拭餐具等，其实这些都是失礼的。

在餐桌坐定后就应该展开餐巾，覆盖到膝盖上。展开餐巾并折放的过程要在桌下完成，不能在空中用力抖动。如果是参加宴会，则应看主人的动作，铺餐巾应该在主人之后。午餐餐巾应该全面展开，而大面积的晚餐餐巾，则应该将餐巾往内折三分之一，让三分之二的开口朝外平铺在腿上，盖住膝盖以上的双腿部分。打对折的目的在于防止错拉餐巾，而开口朝外则是方便拿起擦嘴。不能把餐巾掖在腰带、裙子或领口，也不应将餐巾垫在骨碟下面。

除了使用餐巾擦拭嘴、手外，也可在吐出鱼骨头或水果核时，用餐巾擦嘴。擦嘴时，拿起餐巾的末端顺着嘴唇轻轻压一下，弄脏的部分为了不让人看见，可往内侧卷起。将鱼骨头或水果核吐出时，既可以用餐巾遮住嘴后，用手指拿出来或吐在叉子上再放在餐盘上；也可以直接吐到餐巾内，再将餐巾向内侧折起。需要换餐巾时服务生会注意到并主动换上一条新的，当然也可以自己主动要求更换。

用餐中，取出手帕或面纸而不用餐巾，反而违反用餐礼仪。虽然餐巾可以弄脏，但用来擦脸、擦汗或者擦鼻涕，或者是将口红整个印在餐巾上都是失礼的。涂了口红的女士应该在用餐前，先用面纸轻压把口红沾掉，不可以把整个唇印落在餐巾上。

切忌用餐巾擦拭餐具，否则主人或餐厅会认为你嫌餐具不干净，让主人或餐厅都尴尬。

暂时离开座位时，将餐巾折好放在椅子上。用餐结束后，可以把餐巾随意折叠放在甜点盘的左边，如果甜点盘已拿走，就放在自己餐位的中间。不要鼓鼓囊囊一大堆放在桌上，也没有必要折叠成原来的样子。

开始结束

在电视剧《红楼梦》中，大家都可以看到，每次用餐时只有等贾老夫人拿起筷子动口吃的时候，其他人才纷纷举筷吃饭。贾老夫人在贾府是最有地位的人。也就是说，中餐里，在座年龄最长或者地位最高的人拿起筷子时，其他的人才能开始。无论年龄最长者或者地位最高者是男是女。

西餐中延续了社交中的“女士优先”原则，女士在宴会中是主角，要看女主人行事。女主人铺餐巾时，其他人也可以拿起餐巾铺在腿上。女主人等到每位客人都拿到餐巾后才拿起她的刀叉，客人才可以拿起刀叉，这就表示正式开餐了。

西餐进行中，中途想略作休息后再继续吃，应把刀叉放在垫盘上呈八字形，刀口朝内，叉尖向下。吃完一道菜、餐具可以收走时，刀叉要平行摆放在垫盘上，刀口朝内，叉尖向上。（如图 5-1 所示）

用餐中如果一起用餐的女士或邻座女士起身离开，男士应立即微微欠身相送。女士回来时也应欠身相迎。

当女主人将铺在腿上的餐巾拿起放在桌上时，表示用餐结束了，所有人都要停止用餐、放下餐具。这时，男士应帮助邻座女士拉椅。女主人应先离座，客人再一起随着离开，餐巾放在桌子上。这时候，人们一般会退出餐厅，到客厅或者其他房间里，一边喝咖啡（或茶）一边聊天。

西餐结束后，第一个告辞的应该是主宾，因为其他客人在主宾之前告辞是失礼的。离开时礼貌地跟主人或者其他客人打个招呼。

如果是酒会，客人应按请柬上的时间起身告辞。接到的是口头

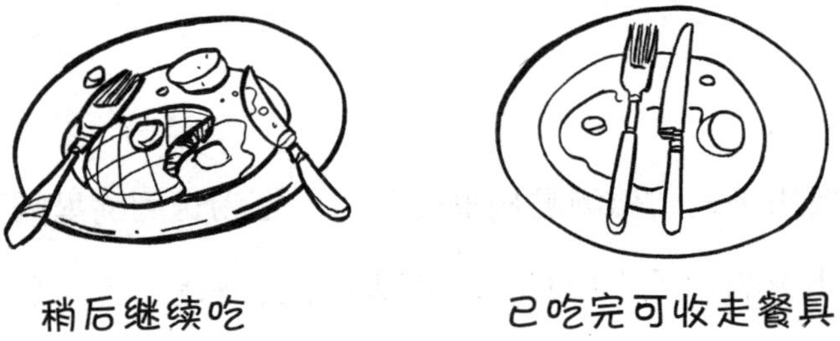

图 5-1　刀叉摆法有讲究

邀请，则应认为酒会进行2个小时。酒会不是在周末举行，意味着告辞时间在晚上十一点到十二点。周末酒会可以更晚一些。离开前向女主人当面致谢。想早一点离开的话，则致谢的时候不要引人注目。

无论是酒会还是西餐正餐，都要在第二天上午给主人打一个电话表示感谢。如果是酒会则向主人祝贺酒会的成功。最正式的感谢方式还是写信。

食用礼仪

喝汤要用汤匙，用汤匙从里往外舀，把汤送到嘴里喝下，吸汤时不能发出声响。汤快喝完时，可以一手把汤碗或者汤盘由内向外倾斜，另一手持汤匙由内向外舀汤喝。即使再烫，也不可以吹气，也不能倒回汤盘里。而是等自然凉或舀起来稍作停留再喝。暂停喝汤或中途离席但一会儿还要喝，将汤匙凸面朝下放在汤碗（盘）里就行了。如果喝完汤或者不想喝，则将汤匙凸面朝下放在靠外侧垫盘里。不可将汤匙全部含在嘴里或者搭放在桌子上。

面包通常和黄油搭配，吃的时候用手把面包撕成能一口吃的小块，要蘸一块，吃一块。不要拿整个面包咬着吃。

吃意大利面条可以叉子、汤匙并用，用叉子慢慢挑起少量（四五根）面条，将其绕在叉齿上成团状时用汤匙辅助。不能直接往嘴里吸。

西餐中的肉一般都是大块的，无论是羊排、牛排，还是猪排都要用刀叉将其切成小块，边切边吃。既不要一口气都切成小块后再吃，也不要用叉子把整块肉叉到嘴边，边咬边吃。

吃有骨头的肉，可以用手拿着吃。要想吃得更优雅，还是应用刀。用叉子把整片肉固定（可以把叉子朝上，用叉子背部压住肉），再用刀沿骨头插入，把肉切开，边切边吃。如果需要用手拿着吃的话，会同时附上洗指水。吃一般的菜，如果把手指弄脏，也可以请服务人员端洗指水来。

吃鱼，用刀在鱼鳃附近划一条直线，刀尖刺入一半，把鱼的上半身挑开，再从头开始，把刀叉在骨头下方，往鱼尾方向划开，把鱼骨剔掉并挪到盘子的一边。最后再把鱼尾切掉。由左到右，边切边挑起来吃，如果有专用匙则用匙舀着吃。还有小刺的话，就在吃的时候直接用手从嘴里拿出小刺。吃完一面，把鱼刺剔掉再吃下面的鱼肉，不可以翻过来吃。

吃虾，直接用手抓住带壳的虾尾，把虾身浸一下调味品再吃。吃完把虾壳放在盘子一角。

吃蟹，先把蟹的钳子全部拽下来放在一边，并从打开的一端吸出肉。端上桌的蟹一般都是切好的，所以在吃蟹肉的身体部分时，只要用刀叉将肉挑出来，蘸着调料吃就行。

吃蜗牛用特别的夹具，而且盛装蜗牛的金属器皿一般都很热，不要直接用手触碰。左手拿夹具压住蜗牛壳，右手用挖蜗牛的食器把蜗牛肉取出来后就可以直接食用。

吃蚝和吃蜗牛差不多，用左手捏着蚝壳，右手用蚝叉取出蚝肉，蘸着调味料吃。

对沙拉中大块（片）的蔬菜，可用叉或刀切成小块（片）。对沙拉中的豌豆可以左手持叉，右手持刀，用刀把豌豆推到叉子上。

往面包、蛋卷、饼干或者吐司上抹黄油要用刀，而且小块面包只能抹少量的黄油。不要往蔬菜上抹黄油，否则会被认为是对厨师的污辱。

芦笋菜中有汤汁，可以先切成小块，再用叉子叉着食物。如果芦笋很大而且需要蘸汁，先把头切下，然后分开来吃。

土豆片和土豆条是用手拿着吃的，但土豆条里有汁的话就要用叉子。如果土豆条太大，就用叉子叉开，不要挂在叉子上咬着吃。把番茄酱放在盘子边上，用手拿或用叉子叉着小块蘸汁吃。烤土豆在食用时往往已被切开，如果没有切开则用刀从上部切入，用手或叉子将土豆掰开一点，浇上一些专用的调料或调汁，如奶油或酸奶，盐、胡椒粉等，每次加一点。

吃带有腥味食品，如鱼、虾、野味等均配有柠檬，将汁挤出滴在食品上，以去腥味。

上甜点大都会附汤匙和叉子。冰淇淋、布丁之类的甜点容易滑动，可以用叉子固定并集中，再放到汤匙里吃。蛋糕、西饼用汤匙吃。没加工的水果，应刀叉配合使用：梨或苹果不能整个去皮，要用刀先切成四块到六块，削皮去核后再吃；香蕉应先用刀叉剥皮，再切成数段食用。没有刀叉的话，可以用手将果核从嘴中取出，放在果盘边上，不能直接吐到餐桌上。

当遇到不知道怎么下手的菜，先不用着急上手，而是观察他人，跟着在后面操作总不会错。

被邀请用餐，无论是家宴还是在餐厅，菜肴合口可以多吃些或吃完，即使不合口也要象征性吃一点。对菜肴品头论足是不礼貌的，被认为是对餐厅、对厨师、对主人的不敬。

日餐餐桌礼仪

日餐礼仪讲究很多，但有些吃法也会让其他国家的人感到惊讶。比如吃寿司，日本人习惯手拿寿司浸一浸豉油，然后直接放入口中；吃面，日本人直接从汤碗把面吸啜入口，且必会发出响声，吃面发出响声是表示面食很美味，也是对厨师表示赞赏。

什么地方用餐

日本人通常在餐馆请客吃饭，而不是在家里。在家请客仅是为表示亲近，所以待客饭菜简单。越是高级款待，越安排在安静的地方。重要宴请往往在没有多余装饰的和式包厢里。

正式宴会，晚辈应比长辈先到。进入包厢要脱鞋，人面朝包厢脱下鞋，蹲坐在廊间，用手将鞋拎起调头往内放，将鞋尖朝外。背对包厢脱鞋子不礼貌。进入包厢后，主人或上司应坐在靠内离门口最远的地方，而职位最基层的人则坐在离门口最近的地方，方便帮忙传菜或关门。而私人聚会，该付钱的人坐在离门口近的地方。正式宴会应该是双脚跪坐，大腿压住小腿，左右脚掌交叠；也可以双脚弯成倒“V”形，斜坐在垫子上。随身的包放在自己背后。

在用餐前要说欣赏的话，表达对这顿饭食的欣赏之意。

日餐筷子礼仪

日餐对筷子的使用要求很多。筷子取出后，筷袋应竖放在食物左侧，或坐垫边上。筷子则横摆，用餐中途要将筷子放回筷枕，一样要横摆，不能正对他人。筷子如果沾有残余菜肴，用餐巾纸擦干净，不能舔。如果没有筷枕，就将筷套打个结，当作筷枕使用。用餐完毕，将筷子放入原来的筷袋，摆回筷枕上。

拿筷子时，右手先拿住横放的筷子中间，再以左手从下托住，并将右手滑向筷子右端，然后手掌反转朝上，移向筷子中央位置。当拇指移至中央上方时拿住，接着放开左手。

如果手里已有碗，要拿筷子，则用左手中指和无名指之间（或无名指和小指之间）夹住筷子左端，然后右手反转拿住。而手里有筷子要拿碗时，则先放下筷子。

用筷子还忌：拿着筷子东张西望，连夹几种菜，东挑西拣，用筷子撕食、刺、叉食物等。

日餐饮酒礼仪

正统的日餐通常备有日本米酒，通常会在互相祝酒后开始用餐。

即使客人不想喝，主人也希望客人能假装喝一小口。

男士持酒杯，用拇指和食指轻按杯缘，其余手指自然向内侧弯曲。女士持酒杯：右手拿住酒杯，左手以中指为中心，用指尖托住杯底。

如果客人酒杯是满的，主人不会勉强客人一口喝干。大家按照自己喜欢的方式喝酒，只是彼此会留意对方的酒杯、观察兴致，恰当地给对方斟满。两人对饮时，必须先帮他人斟酒，然后再由对方帮自己斟，不能自己斟酒。斟酒时，由右手拿起酒瓶，左手托住瓶底。接受斟酒时，要以右手持杯，左手端着酒杯底部。

用餐举止礼仪

一餐饭食一般包括一碗饭、一碗味曾汤、两道或三道菜肴，配菜越多越够体面。用餐的正确次序是先喝小口热汤，后吃哪道菜也行，但不要只集中吃光同一道菜肴，应顺序循环吃每道菜肴。

芥末是日餐必需的调料。用芥末的时候，将芥末蘸到生鱼片上，再夹起生鱼片在另外一边蘸酱油后食用。蘸佐料时应蘸食物前部三分之一，轻轻蘸取。吃生鱼片时，应先由油脂较少，白肉的鱼片食用；而油脂较丰富或味道较重，如鲑鱼、海胆、鱼卵等，则到最后再食用。

寿司的正确吃法是一口吃完。另外，日本人吃寿司是不蘸芥末的，因为寿司里已加了芥末。吃时只蘸酱油，品味寿司的原汁原味。如果想放芥末，可用筷子把芥末涂抹在寿司上，再用手拿着寿司，用鱼肉那一面蘸一点酱油一口吃掉。这样做可以避免酱油、芥末抢了鱼的风头。

在吃日本菜时千万不要用筷子搅拌小碟中的酱油和芥末，因为地道的日本人认为这样是不懂得品尝日本菜的失礼做法。

日本人认为，将主人准备的菜肴吃干净是表示对主人点菜用意的褒奖。如果菜有剩下，认为客人不是嫌做得口味不对就是客人心情不好，主人则会感到自责。

在同一餐的不同时间往往会端上不同种类的茶，一般来说，用餐之前会端上绿茶，用餐期间及用餐之后会端上煎茶。

用餐后，主方会对客人说“谢谢你今天的赏光，很荣幸与你用餐”等礼貌用语；客人则说“我用完餐了，谢谢您丰盛的招待”。隔天，客人可以再打电话回礼一次，谢谢对方昨天的招待。

阿拉伯餐餐桌礼仪

在我们眼里，阿拉伯是古老而又神秘的，似乎连阿拉伯餐也蒙上了些许神秘色彩。从餐具文化上来说，阿拉伯属于手指文化圈。所以，用手指抓食既是一种饮食文化，也是一种独特的生活方式。

阿拉伯餐常识

阿拉伯人的饮食烹调方法相对简单，食物最大特点是腻、甜。主食主要有两种：大饼和手抓饭，其中阿拉伯大饼最常见，吃大饼时要蘸着阿拉伯人最喜爱的霍姆斯酱。副食可以分为两类：蔬菜类一般是凉拌生吃；肉类烹调方法以烤为主，或是炸，偶尔也炖。

阿拉伯人的传统名菜首推烤全羊，只有在节日或招待贵宾时才享用，这也是宴会的压轴菜。

日常更多是食用叫作“卡巴布”的烤肉，类似于国内的烤羊肉串。

还有一种比较流行的土耳其式烤肉“哈瓦拉马”，卖“哈瓦拉马”的餐馆往往在临街处立起一个烤肉架子，上面挂着一坨坨的各种肉，有鸡肉、有羊肉，但以牛肉为主。被炙烤的肉随铁柱子不紧不慢地转动着，烤熟一层切一层。

阿拉伯人的蔬菜“沙拉”往往就是将各色蔬菜切成碎块，拌在一起直接食用，或加点儿盐，或加点儿糖，或浇上点儿酸奶，总之是非常简单，但看上去颜色非常鲜艳。最经常食用的蔬菜有洋葱、西红柿和卷心菜。

阿拉伯人几乎每天都离不开大饼。通常就着酸黄瓜、西红柿酱、霍姆斯酱吃大饼。如果不喜欢素食，也可以将烤肉放入大饼的夹层中。

现代虽然有部分受过西方教育的阿拉伯人改用叉勺吃手抓饭，但大多数阿拉伯人还是习惯直接用手进餐。

传统的阿拉伯人习惯用手抓着吃饭，这是手抓饭得名的由来，而且必须是右手。饭里有黄油、羊油、盐、羊肉末、西红柿酱、胡萝卜、葡萄干、杏仁、洋葱及各式混合干果等作料。取食时，右手拇、食、中三个手指将米饭撮拢一起，然后用力夹紧后送入口中。他们用手抓饭的技术十分熟练，即使很烫，也能用手指迅速地撕下一小块肉条、菜肴送入口内。即便是带有汤汁的食物，也都能这样全部吃下去。

虽然在饭店宴客或比较正式的宴会中，阿拉伯餐与西餐类似，也是先上汤，然后是沙拉、烧烤，最后是甜点。但在阿拉伯人日常的三餐中，正餐不上甜点，而是在茶点时专门吃甜点。

阿拉伯人的甜点最突出的特点是甜，制作非常讲究，无论从色、香、味哪个角度来说，都绝不次于欧洲最著名的甜点。阿拉伯人非常喜欢甜食，平均食糖量是世界平均量的 32 倍。

阿拉伯人不喝酒，最重要的饮品是咖啡和茶。有时候，一杯咖啡再加几样甜点，就是阿拉伯人的一顿便饭。经济条件稍好的，咖啡用具都是银的，咖啡不仅现煮，有时还要加巧克力、牛奶或是糖，经过特别加工，咖啡混杂着烤咖啡豆和辛辣的小豆蔻粉的香味。阿拉伯人喝茶主要是喝红茶，而且要放半杯甚至大半杯的白糖，有时还会随手放进几片鲜嫩薄荷叶。

注意事项

阿拉伯人信仰伊斯兰教，在饮食方面的禁忌比较多，除了《古兰经》中要求禁止食用的之外，阿拉伯人可以食用的，除水果、蔬菜及大多数水产品之外，主要就是牛、羊、驼等大牲畜，和鸡、鸭、鹅等家禽，而且凡是陆地上的动物都要按照规定的程序屠宰，否则即使是上述动物的肉也不可以食用。

除此之外，阿拉伯人一般还不吃动物的内脏，也不吃奇形怪状的动物，如甲鱼、乌贼等。中国人视为珍品的“野味”，如娃娃鱼、蛇等，更在他们禁食之列。

商务宴请时，不宜邀请阿拉伯女士，同时，自己也尽量不带女伴。问候寒暄时，不要提及他们的妻子，否则是非常失礼的。同样，如果赠送礼物，也不用考虑他们的妻子。

就餐场所不应有任何娱乐活动，远离娱乐、喧嚣场所。

在伊斯兰教的斋月期间，不要有宴请阿拉伯人的活动。

阿拉伯人迎接客人或者送客时，同性之间手拉手是表达热情的正常礼仪行为。

阿拉伯人在吃饭前都要低声念“奉普慈、特慈的真主之名”。这句话可以说是阿拉伯人真正的“日常用语”，不仅在饮食前，在讲话前，甚至在做各种事情之前都要念。这也是各国穆斯林通行的习惯。在饭后，阿拉伯人习惯做“都瓦”（祈祷），捧起双手，感赞造物主的恩惠，然后用双手摸脸。做客的人在做“都瓦”时往往要祈求造物主赐福于主人，以表示对主人家盛情款待的感谢。

阿拉伯人祷告时，同一个餐桌上的所有人都应停止用餐，默默等候，绝不能打断祈祷、表示不耐烦，甚至当场以此开玩笑。

印度餐桌礼仪

到印度家庭做客，进门必须脱鞋。

印度人通常一天吃两顿饭，第一餐是在上午 8 点后，第二餐基本在晚 8 点以后。但西式生活的印度人也一日三餐，每餐包括开胃菜、汤、主菜和甜点，根据个人食量点菜，也可以不要开胃菜。

印度人调味喜用咖喱、辣椒和黄油，不喜油腻。不吃菇类、笋类、木耳。奉牛为神圣，忌讳吃牛肉。信奉印度教和锡克教的人，忌讳吃猪肉，牛肉。一般不喝酒，喝酒违反宗教习惯。有喝茶的习惯，茶一般是加牛奶和糖，喜欢用舌头舔着喝。

印度人吃饭的方式还保留某些传统的习惯。虽然在较正式的场合，人们吃饭使用叉和勺，但在家中用手抓更来得痛快：每人面前摆放一个大盘子，把米饭盛上，再浇上菜和汤，然后用手稍加混合，捏成团，就抓着送进嘴里。在街头的小吃摊、小吃店及寺庙里，人们通常用一种干树叶压制成的盘子来盛食物，有的餐馆则给每个吃饭的人一片新鲜的大树叶子，用来盛米饭等食物。

由于宗教的原因，素食者特别多。而且社会等级越高，吃荤越少。请印度人吃饭，先要搞清楚对方是不是素食者，否则会很尴尬。严格的素食者，是连鸡蛋也不吃的，但牛奶一般都喝。有些虔诚的印度教徒，吃饭前还要做祷告。

印度人实行分餐，所以吃多少盛多少，不要剩菜。用餐时吃饭速度与对方相同，吃得太快或太慢都是不好的。

虽然在许多正式场合，印度人已经开始使用刀叉吃饭，但私底下仍然习惯用手抓饭。手抓饭是印度人长久以来的就餐习俗，吃饭前洗净手。印度大部分菜都被制成糊状，这样便于用手抓饼卷着吃，或是抓米饭拌着吃。

印度人只用右手抓食物，而左手绝对不触碰食物。他们认为左手是专门用来处理不洁之物的，所以吃饭时，他们的左小臂一般沿桌边贴放，手垂放于桌面以下，或是干脆把左手藏在隐蔽的地方。给他人递食物、餐具，都得用右手。

用餐结束，服务员会给客人用小碗端来洗手水，水里漂着用于清洁的柠檬片和用于装饰的花瓣，当然也只能清洗右手。

其他餐桌礼仪

韩国：斟酒时，双方第一次见面，一手托住另一只手的肘部为对方斟酒。对方是长辈，必须用一只手托住酒瓶低端斟酒。不要端着碗吃饭喝汤，先喝汤再吃别的食物。餐毕，汤匙和筷子放在最初位置，使用过的餐巾叠起来放在桌子上。

泰国：不要用叉子把食物送进嘴里，叉子是用来把食物放在勺子里的。只有单独的非米饭类的食物才可以这样使用叉子。坐在地上吃饭的时候，不要把脚底朝向他人。

菲律宾：要想成为一位合格的宾客的话，必须学会等待和言听计从。主人请你入座时再入座，告诉你坐哪儿你再坐，请你什么时候开始吃饭你再吃，主人不给你添菜不能主动夹，只有照这样做才被视为礼貌。

马来西亚：饭前重视洗手。一般用流水洗手，而不是用毛巾擦。在马来人的餐桌上，常备有两杯白水，一杯是喝的；另一杯则是用来清洁手的（用手抓饭时使用）。

格鲁吉亚：如果参加传统宴会，不要轻抿酒。他们传统宴会喝酒一般都是一饮而尽的。

黎巴嫩：为显示自己的热情好客，黎巴嫩人往往会给客人上好几回菜。所以上第一拨菜时，最好少吃一点，这样你才能有足够的精力打持久战。饭局时间越长，越能显示主人的热情，也表示客人很享受主人家的饭菜。如果是传统的中东饭菜，最好用面包卷着吃。

阿富汗：客人是吃第一口饭菜的人，也是吃得最多、座位离门最远的人。不要把食物掉在地上，不小心掉了一块面包的话，应该捡起来，亲它一下，并把它举到前额，然后再放下来。这是表示对食物的尊重。

埃及：如果受邀到埃及人家中进餐的话，进门之前应该先脱鞋，而且最好恭维一下主人的房子。只能用右手吃饭，而且一定要吃第二回菜。往菜里加盐是很不礼貌的，另外，如果吃饱了的话，盘子里最好剩一些饭菜，否则主人会不停地给你夹菜。

埃塞俄比亚：有相互喂饭的习惯，这似乎是一件很不卫生的事。特别是你不得不用手抓带肉汁的饭菜，把它喂给你的邻座，然后再喂桌上的其他人。这也意味着，你吃进嘴里的饭菜也是经过了全桌人的手的。

加拿大因纽特人地区：和加拿大因纽特人坐在一起吃饭，饭后打个饱嗝会让主人很开心，因为这被视为另一种形式的感谢。有些因纽特家庭还在同一锅里“下筷子”。一般都是男人先吃，然后是女人和孩子。有时因纽特人不用勺子而是直接用手抓起锅里的肉吃，作为客人最好也入乡随俗。

墨西哥：吃炸玉米饼的时候使用餐具被认为是愚蠢而势利的。

俄罗斯：既不要把伏特加和别的酒或饮料混合，也不要拒绝他人递给你的伏特加。俄罗斯人热情好客，当主人递给你一杯伏特加酒时，出于礼貌是一定不能拒绝的，而且在敬酒时眼睛应该直视对方。饭菜中的酱汁或肉汁应该用面包蘸着吃干净。如果面包被剩下，将被看作一件晦气和浪费的事。

意大利：在比萨上加干酪被认为是罪恶。实际上，很多意大利菜都是不需要额外再加配料的。

法国：不要把面包当开胃品，淀粉混合物尤其是加上奶油的淀粉混合物是在餐后才吃的。

餐桌形象举止

英国的温莎公爵以“不爱江山爱美人”闻名于世。当年，英国曾宴请一位阿联酋的酋长。席间，每人面前都有一个盛着水的精美玻璃器皿，上面还漂浮着几片菠萝。那位酋长看到后以为是一道美味，不假思索地把水端起来喝干了。周围的人见此都面面相觑，不知道该怎么办。只见温莎公爵也从容地端起他面前的洗手水一饮而尽。这时其他客人才醒悟过来，纷纷端起自己的洗手水喝干，品尝了这道别具风味的“菜肴”，巧妙地化解了酋长的尴尬。

宴会、正式用餐场合或者在西餐厅，很讲究氛围和情调，就餐者也更需要注意言行举止。

穿什么赴宴

据《法制日报》报道，准备到罗杰斯西餐厅用餐的周先生，因为穿着T恤、短裤、拖鞋而被拒之门外。该店经理称周先生“衣冠不整”才被拒绝入内。周先生就此把罗杰斯告上法庭，请求法院判令餐厅向他书面赔礼道歉并赔偿精神损失费。北京海淀区法院受理后，认为餐厅为维护一定的用餐环境和氛围，而做出这样的要求完全合理，驳回了周先生的所有诉讼请求。（如图 5-2 所示）

在中国，人们去餐厅用餐时，穿着相对随便一些，即使是高档餐厅，穿着T恤、牛仔裤也认为无可厚非，只有在非常重要的宴会

图 5-2　西餐厅对着装有要求

上才穿得隆重一些。

相对中餐来说，西餐更讲究用餐环境和氛围的优雅，个人得体、规范的着装是维护这种环境和氛围的重要条件，所以无论餐厅本身还是用餐者都认为西餐厅里穿着得体是常识，穿着休闲服往往会被拒绝进入餐厅用餐。去高档餐厅，男士必须穿着整洁的上衣和皮鞋；女士要穿套装和有跟的鞋子。如果指定穿正式服装的话，男士必须打领带或领结。

宴会被认为是重要的社交场所，着装要求上就更严格，所有着装都以符合传统为原则，表达对其他人的绝对尊重，所以，出格的着装和行为都是不可以的。

通常正式的宴会都在晚上，也有人在自家举办家庭晚宴。作为女士来说，如果参加饭店的晚宴，以正式礼服为主，服饰要颜色丰富，面料讲究，显示出秀丽、端庄、贤惠。除裙长要盖过脚踝外，款式俏丽，素雅精致的小礼服，也是年轻女士宴会时的另一种选择。要注意首饰配饰的搭配装饰，主次分明，不能让自己的衣着装饰像圣诞树一样琳琅满目。比如，稳重的晚装加上装饰和点缀用的漂亮的丝巾、胸针、手包等。如果是家宴，则可着裙长到小腿中央的小礼服参加。但无论如何，牛仔裤、T 恤、运动鞋等，都是不适合晚宴的。女士和同伴参加活动时千万不要穿同样的衣服，也不要有太大的反差。在款式、颜色、质量等方面尽可能和同伴协调。

男士的宴会着装几乎是永恒不变的主题：传统、保守、精致，一般情况下以黑、白色为主。标准缎面领晚礼服，丝绸腰封，带丝绸镶边的礼服裤子，黑袜子，特定款式的皮鞋，被视为最基本的着装要求。随着社会的发展，现在皮带也可以接受。但同样也必须是精致的黑皮带，不能有产品标志，而且穿着时还应该尽量避免露出皮带，否则在正式场合会被认为是不尊重主人的表现。男士不能戴过多的饰品，耳环、项链、手镯都是不可以戴的，只能佩戴名贵的手表、袖扣、戒指。男士可以使用香体液或古龙香水，以气味清淡为佳。

国外宴会请柬上往往会注明着装要求。即使没有注明，穿正装都是稳妥的方式，尤其宴会地点是比较高档的餐厅时。即使是家宴，视来宾身份和宴请主题，有时也要穿正装出席。

餐桌言行礼仪

餐桌上的聊天，注意轻声，不要影响到其他人。参加宴请的时候，应与同桌的人交谈，特别是左右邻座。在主人和主宾致辞、祝酒时，应暂停进餐，停止交谈，注意倾听。

喝汤、嚼食物都不应该发出声音，咀嚼食物时应该闭嘴，不能咂嘴，喝汤时不要发出声音。打嗝的声音也会惹人白眼，万一打嗝发出声音，应该对同桌的人致歉。嘴里有食物时，应该等食物完全吞下去后再讲话，不可以一边嚼一边讲话。

对服务人员要有礼貌，需要服务时尽管请他们代劳，服务之后要说谢谢。不要用吹口哨、弹指头、勾手指、用汤匙敲玻璃杯或者大声喊叫的方式召唤服务人员。召唤服务人员时，仅需要在他们目光注视到你时，伸手示意一下就行了。发现菜送错、有异物或者有异味，悄悄示意服务人员来告知就行了。

餐桌举止礼仪

和中餐及西餐都不同的是，正式的日餐一般都需要进包厢，并且需要脱鞋。如果用日餐宴请他人，或者接受他人的宴请，一定要提前换好袜子，不能有异味或者破洞。

除小皮包外，其他手提包都应放在脚边的地板上。也可以把手提包放在背后和椅子之间或大腿上（餐巾下）。如果邻座没有人，也可以放在椅子上，或挂在皮包架上。

有不喜欢吃的，最好象征性地也吃一点，以示对主人热情款待的接受和感谢。

用餐时不要将胳膊肘支在餐桌上。

不能拿着餐具做手势、用餐具刮盘子，也要避免让餐具相碰。不要直接用刀来叉着食物往嘴里送。饭后用牙签剔牙时，应用手或者餐巾遮住嘴部。

无论是吃剩的菜，还是用过的餐具、牙签，都应该放在盘子里，不能直接放在桌上。不要在餐桌上梳理头发、脱下外套、挽袖子、摘下领带、松开领口等。

和有宗教信仰的人用餐，要等他们祷告完毕后再一起开始，自己不要先吃。要待同桌人的菜都上桌后再一同享用。用餐的速度要配合同桌人，不要太快也不要太慢。

用餐时要注意自己用餐范围内的餐桌清洁。

餐桌意外情况

用餐时如果蔬菜叶或肉丝钻到牙缝里，不要张开嘴就剔，可以喝口水试试看；如果不行就去洗手间，这时候用力地漱口或者用牙签协助都可以。

如果异物入口，可以用餐巾盖住嘴，吐到餐巾上，再示意服务人员换块餐巾，或者干脆去洗手间彻底地解决。不要大呼小叫，而让一桌人都没了胃口。

餐具掉到地上，示意服务人员来处理就行了，没必要亲自弯腰去捡。

餐桌上如果不小心把酒水、汤汁一类的东西洒了出来，尤其是打翻了碗碟等，如果只是洒了一点，可以用纸巾吸干垫盘里、桌上的污渍。如果把桌子、椅子都弄得很脏，特别是溅到邻座或者自己的衣服上，首先要向“受害者”及主人道歉，同时，小心地用餐巾或者纸巾清理桌面和椅子，把洒在衣服上的汁液吸干。他人洒了东西，不要表现得大惊小怪、可以悄悄地示意服务人员处理。家庭宴请，有时主人用来招待客人的桌布面料昂贵，必须专业洗涤。如果这样，一定要主动把餐巾送到洗衣店并承担费用。

如果被呛着、噎着了，或者突然想打喷嚏、咳嗽等，最重要的是保持镇静，尽量不要使周围用餐者感到不快。想打喷嚏，要用餐巾掩住嘴，把头扭到一边侧身进行。擤鼻涕应该去盥洗室或者先跟邻座的人说句对不起，然后侧转头用纸巾擦拭。不要产生太大动静，以免引起其他就餐者的注意，影响他人食欲。

如果损坏了主人的任何东西，主动清除干净后送回，无法修复的应主动赔偿。

茶和咖啡礼仪

茶，世界上很多国家的人都爱喝，只是喝的习惯及礼仪和我们稍有不同。咖啡，作为三大饮料之一，国外也很普遍而且算正式的饮料，我们也应该了解。

喝茶礼仪

英式下午茶起源于17世纪的英国维多利亚时代。当时有一位深谙生活品位的安娜玛丽亚女伯爵，每天下午四点左右都要准备一壶红茶和一些点心，邀请朋友一起享用。因为当时英国人的晚宴大多八点才开始，到了下午四点左右都容易感觉到饿。安娜玛利娜的做法既为身体补充了必要的能量，又为朋友提供了小范围的聚会机会。所以这种做法很快在英国上流社会流行起来并逐渐普及其他国家。

日本是很讲究茶道的国家，讲究的人家都有专门的茶室。邀请喝茶时，主人跪坐在茶室门口，将客人一位位地迎进茶室。客人经过门口时，要在门旁洗手，然后脱鞋入室，主人则最后进入茶室，和客人鞠躬行礼。主人先将各种茶具用茶巾擦拭后，用茶勺从茶罐中取茶末二三勺，放在茶碗里，再注入沸水，并用茶筅搅拌碗中茶水，直至茶汤泛起泡沫为止。敬茶时，主人用左手掌托碗，右手五手指持碗边，跪地后举起茶碗（与自己额头平齐），恭送至客人面前。客人接过茶碗要双手捧碗到眼或眉的高度，以示对主人致谢。然后再欣赏碗的花纹质地后重新举起才能喝茶，喝时口中发出“啧啧”的赞声，表示对主人“好茶”的称誉。等主客喝茶后，其他宾客才能依次传饮。喝的时候可以每人一口轮流品饮，也可每人饮一碗，饮毕把茶碗递回给主人。一次茶道仪式在两小时内。结束后，主人须再次在茶室格子门外跪送宾客，同时接受宾客的临别赞颂。

茶是英国人在生活上最大的享受，如在起床前倚枕喝上一杯热茶；在早餐和午餐之间或者在午餐和晚餐之间有上午茶和下午茶等。特别是“下午茶”是英式典雅生活的象征，并且把下午茶的茶会作为聚会的重要形式之一。下午茶都是以红茶为主。一般在下午三点到五点。如果是工作时间，则“下午茶”是下午三点到四点。茶会上面包点心自取，但茶壶始终由女主人掌握。下午茶不用带有酒精或者强烈气味的点心，并且不使用巧克力棒。泡茶是泡茶叶末，连袋一起放在热水杯里，以茶袋浸入热水里，一小袋茶只泡一杯水，喝完就丢弃。家庭喝茶时，由于茶叶很碎，通常茶壶里还有个过滤杯，用开水冲下去，过滤而出。茶里还可以加一片柠檬、方糖或新鲜牛奶。除了茶壶外，还备有一罐开水，女主人给每个客人倒茶时，都会先问“是浓是淡”，如答后者，她就在倒茶时兑上开水；放糖前也先问“您要几块？”以示对客人的尊重，茶会上不能埋头吃点心或捧杯不停喝，谈话才是重点。

西式茶比如红茶、水果茶、花草茶等，既可以加糖喝，也可以不加，看个人喜好而定。红茶类可以加奶制品变成奶茶，或加柠檬而成柠檬红茶喝，但不要加奶又加柠檬，因为酸会使牛奶结块，使茶不美观。杯内如果有花草茶叶末，可以轻轻吹开，或用小匙捞出放在碟内；不要用手捞或喝到嘴里再吐出来。

欧洲人、拉美人的下午茶风俗大同小异。而在非洲，上流社会人士大都有欧美留学背景，因此，如果到非洲人家做客，除要遵守当地习俗外，也要遵循欧美礼仪。

咖啡礼仪

中方技术负责人小陈带队去法国与法方进行技术合作。一天下午，法方邀请中方在咖啡厅边喝边交流。小陈用手拿起几块方糖“叮叮”地投入咖啡杯，然后两口就把咖啡倒进了嘴里，并且一连喝了五杯才觉得解了渴，还把溅到杯碟上的咖啡也端起来吸了吸。这些举动使中方其他随行人员尴尬万分，法方人员及服务人员则惊讶地看着小陈。事后，法方甚至怀疑中方用小陈作为技术负责人是否有合作的诚意。

咖啡是欧美国家最重要的饮料。美国是世界上咖啡消耗量最大的国家，他们几乎时时处处都在喝咖啡；在维也纳，咖啡、音乐和华尔兹舞并称“维也纳三宝”；咖啡被认为是意大利人生活中最基本和最重要的因素，每天起床后要做的第一件事就是煮一杯咖啡；在法国，如果没有咖啡就像没有葡萄酒一样让人不可思议。

咖啡既可以自己磨好咖啡豆后用咖啡壶煮制，也可以用开水冲速溶的，但速溶咖啡是咖啡中的快餐，并不适合在正式场合喝。喝咖啡时可以加入牛奶和糖，称为牛奶咖啡，也可以不加牛奶和糖，叫清咖啡或黑咖啡。还有一种加威士忌酒的，叫爱尔兰咖啡。餐桌上比较讲究喝清咖啡。这既是一种身份的象征，又可以化解油腻。

正式的西餐，喝咖啡是压轴戏。喝咖啡可以安排在用过甜点后，也可以餐后改在咖啡厅进行。

咖啡杯和咖啡碟是同时使用的。拿咖啡杯优美的方式是用拇指和食指捏住杯耳，再轻缓地将杯子端起。

咖啡匙只是用来搅拌咖啡用的，搅拌好应立即放在咖啡碟外边或左边，不要到处乱放，也不要一直立放在杯内喝咖啡。

咖啡碟的作用是避免喝咖啡时弄脏衣服，如果碟子里有溢出的咖啡，可以用纸巾吸，并同时擦干杯底，但不要端着碟子喝或泼到地上。

如果要给咖啡加奶和糖，则先放糖，后放奶，这样的话能让咖啡的热度充分融解糖分。

给咖啡加糖时，如果是砂糖，可以用咖啡匙舀取，再加入杯内。如是方糖，则应先用糖夹把方糖夹在咖啡碟的近身一侧，再用咖啡匙把方糖加在杯子里。

即使咖啡中的糖长时间没有融化掉，也不要用咖啡匙捣碎。

咖啡要趁热喝，因为咖啡会随着时间的流逝而失去其香醇与浓郁。所以冲泡咖啡时，要事先烫杯。咖啡倒入杯中温度在 80 度最佳，入口 61~62 度最理想，所以冲泡后 10 分钟内喝口味最好。在喝一些花式咖啡如泡沫味咖啡、摩卡咖啡时，应及时用纸巾把唇上沾到的奶油或泡沫擦掉。

刚煮好的咖啡太热，可以用咖啡匙在咖啡杯中轻轻搅拌使之冷却，或者自然冷却后再喝。用嘴试图去把咖啡吹凉，是很不雅观的动作。

喝咖啡时，如果身体离餐桌较近就上身挺直，用右手握住杯耳，靠近嘴巴就行了。不要用双手握杯喝，也不要俯下身子趴在杯子上喝。如果离餐桌较远，用左手把咖啡杯、碟一起端至齐胸处，然后左手持碟不动，右手拿着咖啡的杯耳端着杯子慢慢往嘴里送。注意不要双手握杯，满把攥杯，也不要俯下身子趴到杯子上去喝。喝咖啡忌讳大口吞咽、响声大做，而是讲究温文尔雅地小口品味。也不要过量喝，一般不应超过三杯。

用咖啡待客时，杯碟不能有破损，杯子没有茶锈、咖啡垢或口红印。给他人端咖啡时应用右手，放在饮用者的正面或右侧，杯耳向右。

小提示大道理

餐桌上的言行举止是对一个人修养的最好考验。你在品味食物，别人在品味你的修养……虽然中外饮食习惯差别很大，但基本的用餐礼仪和衡量高雅行为的标准却都是大致相同的。

第六课

各国礼俗介绍

THE
SIXTH LESSON

他山之石

来自环球网 2017 年 12 月 25 日的消息。

美国女演员梅根·马克尔自宣布和英国哈里王子订婚以来，便成为各国媒体关注的焦点。日前她以“准王妃”身份参加了英国女王在白金汉宫举行的午餐会。不过风头似乎都被英国肯特王妃抢走，后者在出席圣诞午餐会时佩戴具有贬损非洲族裔含义的胸针。这是一个以黑人头像为造型的胸针。据称，这种类型的胸针曾在 18 世纪的上流社会非常流行。现在这种造型的首饰被认为非常具有种族歧视色彩，是对有色人种的极度不尊重。众所周知，梅根·马克尔是个混血儿，她的父亲是白人，母亲是非洲裔美国人，所以肯特王妃此举被认为是给即将嫁入王室的马克尔一个“下马威”。甚至有人直接建议英国女王禁止肯特王妃这样的种族主义者出席宴会，称她是英国王室的耻辱。

面对外界的猛烈批评，肯特王妃于 2017 年 12 月 23 日通过发言人发表声明致歉，称当时所佩戴的胸针其实是别人赠送的。如果此举不慎冒犯到了马克尔或者其他人，她深表歉意。

在对外交往中，必须了解并尊重相应礼俗，做受欢迎的客人而不是让人误解、反感的人。

美洲地区

加拿大礼俗

据《人民日报》驻加拿大的记者报道。在加拿大城市里，交警上街的并不多，但交通秩序好，司机行车相互礼让，特别是礼让行人，给人一种以人为本的感受。街上按喇叭的司机绝少，更不要说使用汽车喇叭了。在记者所住的那条街道上，在近两年时间里总共只听见二三次喇叭声。加拿大人的素质和修养可见一斑。

加拿大领土面积将近一千万平方公里，但人口只有三千多万，绝大部分为英、法后裔。加拿大约有 87% 的人信奉基督教。

在加拿大，不同的场合有不同的装束。在教堂，男士着深色西装，女士穿庄重的衣裙。参加婚礼时，男士或穿着西装，或穿便装。在正式场合，衣着则要整齐庄重。而因纽特人，因居住的地方临近北极，气候寒冷，一般穿麋鹿的毛皮做成的服装。

一般场合加拿大人往往喜欢直呼其名，并省去姓氏。家庭长辈和晚辈之间相互不一定使用血缘称呼，也常常直呼其名。另外，上下级之间相互称呼一般不加职务头衔，只叫先生。只有在非常正式场合下，才会对对方连名带姓，并冠以“先生”“小姐”“夫人”之类的称呼。也只有在官方活动中才会称呼对方的头衔、职务或学位。

可能是地广人稀的原因，加拿大人性格开朗热情，对人朴实而友善，人际应酬中既讲礼貌又喜欢无拘无束，十分容易接近。即便互不相识，路上相遇时也会主动向对方打招呼、问好。客人相见一般都行握手礼，亲吻和拥抱礼仪适合熟人、亲友和情人之间。

加拿大人特别注意在公共场所的文明礼让。例如，坐汽车自觉给小孩儿、妇女让座位。驾驶汽车时，认为按汽车喇叭和行人抢道是没有修养的表现。人际交往过于自谦被认为虚伪和无能。交谈时，加拿大人会和颜悦色地看着对方。常用两手手指交叉放在桌上等姿态来缓和紧张气氛或掩饰窘态。他们对自己的国家充满了自豪感，喜欢对他们的国家和人民做肯定性的评论。反感把加拿大同美国作比较，尤其忌讳拿美国的优点来与他们相比。也忌讳外人探讨有关魁北克独立问题，如果就加拿大分成英语和法语区两部分的问题发表意见，也会让他们反感。

白雪在加拿大被视为吉祥的象征和避邪之物。不少地方甚至忌讳铲除积雪。

很多加拿大人认为打破玻璃，请人吃饭时撒了盐，从梯子底下经过等，都是不吉利的事情。

加拿大人很有时间观念，也不希望他人迟到。去剧院看戏或听音乐，必须在开演前入座。参加宴会，迟到会被认为不礼貌。

加拿大人同样也忌讳 13 和星期五，包括接待加拿大人不要安排单数的席次，尤其避免安排 13 个席次。

受邀参加宴会，女主人会安排好进餐的座位，或事先已经在每个座位前写上客人的名字。客人应带一件不太贵重的礼物，如鲜花、巧克力或者一瓶酒。然而白色的百合花不能送。

加拿大人一般很少在饭店招待客人，喜欢在家里下厨款待，特别是法裔加拿大人。吃饭时习惯喝矿泉水、果汁之类的饮料。不少加拿大人嗜好喝酒，威士忌、白兰地、伏特加在当地都很受欢迎。

加拿大人还特别喜欢以自助餐或冷餐会请客，客人自行取餐后，到另外一个房间随便就座进餐。

宴请结束后几天内，应打个电话或者寄一封简短的致谢信，感谢主人的热情招待。并且在近期内也应热情回请对方。

美国礼俗

据央视新闻网 2016 年 2 月 20 日报道。一名 17 岁学生刚刚进入美国一所寄宿中学三天，削苹果时与一名外籍学生发生争吵，“他可能是习惯性地拿着水果刀朝这名学生比划了一下，这名外籍学生就报告了老师。”学校非常重视，把他带到会议室了解情况，“这名学生刚去美国，英文不好，不能很好表达自己的意见，加之情绪有些激动踢桌子，一下就把老师吓到，报警了。”结果学校没通知家长，即刻做出决定取消他的录取，要求尽快离境。学校直接帮他买了一张机票，由警方护送到机场。美国号称是“自由的天堂”，但这只是有些人的一厢情愿罢了。先不说公认的社会治安问题，就是从思维习惯、法律法规、社会风俗角度来说，如不了解的话，就可能带来困扰和麻烦。

美国是个移民国家，约 80% 的人声明自己信奉基督教。

大多数美国人在日常生活中崇尚自然，讲究着装体现个性，穿衣大多以宽大舒适为原则，不太讲究打扮。日常生活中很难从衣着上判断一个人的贫富或贵贱，绝大多数人在日常生活中会穿牛仔服、运动装、T 恤、夹克以及各种风格的休闲装。

但在非常正式场所，如音乐厅、宴会厅，也会穿戴保守，讲究男士穿西装、打领带，深色西装配深色皮鞋和深色袜子。女士一般穿裙装，并且化妆，在非常正式场合要穿晚礼服时，裙摆应长及脚踝，并配高跟鞋。黑皮裙和大网格状丝袜，在美国是色情服务从业者的“专业”着装。

日常生活中，美国人不拘于正统礼节，没有过多的客套，与人相见一般只是点头、微笑或向对方说声“Hi”或“Hello”。不是特别正式的场合，美国人连国际最通行的握手礼也略去不用。分手时也习惯地挥挥手，说声“明天见”“再见”。如果他人向他们行礼，

他们也会用相应的礼节回应。在美国，一般只会和亲朋好友拥抱、行接吻礼，而且只吻额头。（如图 6–1 所示）

如果不是正式的社交场合，称呼他人时喜欢不分年龄地直呼其名，以示亲密。初次见面，出于尊敬，也用“先生”或“女士”称呼对方。大多数美国人不愿意自己因为年龄或社会地位的关系而受到特别对待，这样他们会很不自在，所以不喜欢称呼对方的官衔等。但会以职称来称呼对方，如“博士”“教授”“医生”“法官”等。

在美国文化中，耸肩表明一个人感到无能为力或者不能确定自己能否对特定的情形做出确切的反应，即感到未置可否。

美国人很健谈。与人谈话时喜欢借助肢体语言，边谈边用手势比划，语言常常诙谐幽默。

莉莲·卡特是美国前总统吉米·卡特的母亲，一天正在家里料理家务，突然门铃响了，来了一位记者。尽管对记者的频繁来访感到非常厌烦，但出于礼貌她还是说：“见到您很高兴。”记者问道：“作为总统，您的儿子经常到全国各地去演讲，他经常告诫人们做人要诚实。那么，您能不能告诉我，您的儿子是不是从来没有撒过谎？”莉莲·卡特说：“撒过，但那都是善意的谎言。”记者又问：“什么是善意的谎言，您能不能给我举个例子？”卡特母亲当场答道：“比如说，您刚进来时，我说见到您很高兴。”

在美国，体臭在社交上是不能被接受的，所以美国人认为使用

图 6-1　在美国一般相见说“hello”即可

除臭剂或止汗剂是必需的。女士通常会抹点香水以增加清香，男士则会在脸上拍一些刮须水或是男士古龙水。

在公共场合蹲在地上，或者双脚叉开而坐被认为是失礼之举。在他人面前脱鞋或赤脚，会被视为是不知礼节的野蛮人。只有在卧室里，或是热恋的男女之间才能脱下鞋。女士如在男士面前脱鞋，那就表示“你爱怎样就怎样”。无论男女在他人面前拉下袜子、拉扯袜带都是不礼貌的行为。即使鞋带松了，也应走到没人的地方系好。

美国人崇尚独立、个性和个人权益至上。在他们看来，一生搬几次家、换几回工作再正常不过；人际交往中认为向他人借钱就是索要；社会生活中必须无条件尊重他人的权益，否则被告上法庭甚至被索以巨额赔偿都是很正常的事；认为过分的谦虚是无能的表现，而过头的客套是心怀鬼胎；成年的同性共居一室，在公共场合携手而行或是勾肩搭背，在舞厅里相邀共舞等，都有同性恋之嫌。

美国人认为盯视他人、冲他人伸舌头，或者用食指指点他人，以及用食指横在喉头之前，都具有侮辱的含义。

认为“胖人穷、瘦人富”，所以，听不得他人说自己长胖了。聊天时，不能谈及政党之争、投票意向和计划生育，否则会导致“话不投机”。在基督教徒面前，不可流露出对上帝的不恭，不可轻慢地谈论“上帝”。和绝大多数欧美国家一样，美国人一般也忌讳13和周五，两者是同一天时更是忌讳。

美国人使用刀叉的方式和欧洲人不同，他们一般先用右手拿着刀子，左手拿着叉子切割食物，然后放下刀子把叉子换到右手上取食用餐。如果在宴会上酩酊大醉，会招来鄙视。喜欢和善于写信，在接到礼物、应邀参加宴会、得到朋友帮助时，都喜欢写信致谢。

墨西哥礼俗

据《人民日报》驻墨西哥记者报道，记者初到墨西哥时，感觉市政建设、科技发展等很多地方远远不及中国。时间久了之后发现，这里也有中国欠缺的软优势，那就是老百姓平和的心态和良好的文明环境。墨西哥城人口超过两千万，排队几乎成为墨西哥人生活的一部分。到哪里排队都是先只排一个大队，无论哪个窗口办完前一笔业务，大队中的第一个人就能先轮到这个窗口。排队的每个人都会心平气和地等待。记者在墨西哥几年里从来没有见过因为排队而引发争执的现象。

墨西哥的印欧混血人和印第安人占总人口的90%以上。超过90%的人信奉基督教。

在墨西哥，非常正式的场合，服装基本欧化。公共场合男士忌穿短裤，女士忌穿长裤，男士应穿长裤，女士应穿裙子。平时喜欢穿色彩艳丽的衣服，据说这和当年玛雅人的习俗一致，认为色彩对比强烈的衣服能够吓退妖魔，保佑众生平安。

墨西哥人待人热情礼貌。微笑和握手是墨西哥人的问候方式，亲吻和拥抱只用于熟人之间。墨西哥的上层社会有吻手礼，但不能吻一个不熟悉女士的手，认为只有没教养的人才会这样。

用掌心向上比划孩子身高的手势在墨西哥人看来是侮辱人的。在墨西哥，这一动作仅可以表示动物的高度。在公共场所，墨西哥人极少有夫妻并排而行的，他们主张丈夫应随行于妻子身后。并且舞会上通常只能女士邀请男士，而不能相反。

这个以幽默著称的国度，在我们看来可能是嘲讽、戏谑、侮辱、找碴儿或奚落他人的事情，而在他们可能只是觉得很好玩，在开玩笑。

人际交往中，墨西哥人一般都不习惯于准时到达约会地点，在通常情况下总要比双方事先约定时间晚到一刻钟到半小时左右。在他们看来这是一种待人的礼貌。

墨西哥人不仅不怕骷髅，反而认为它象征着公正，喜欢用骷髅图案作装饰，其艺术盛行全国。

向墨西哥人送礼物，不能送紫色类的物品或以紫色包装的礼品。穿紫色系的衣服访问他人，或招摇过市，一样也不受欢迎。忌讳送人手帕和刀剪，因为手帕是和眼泪联系在一起的，而刀剪是友谊破裂的象征。

当收到墨西哥人用西班牙文写来的信函后，最好也用西班牙文回复，否则会被认为缺乏教养。

墨西哥人的晚餐一般 8 点以后，所以那个时候也是街上最热闹的时间。传统食物主要是玉米、菜豆和辣椒，被称为墨西哥人餐桌上必备的“三大件”。墨西哥是玉米之乡，玉米被称作“墨西哥人的面包”。菜肴以辣为主，甚至在吃水果时也要加入一些辣椒粉。墨西哥是世界上以昆虫作为食品消耗量最大的国家，视蚂蚱、蚂蚁、蟋蟀、蝇卵、龙舌兰虫等为美味佳肴。墨西哥人还有吃仙人掌的习惯，仙人掌与香蕉、西瓜等一样，可以当作水果吃。

在墨西哥的不少地方，做客时不应一进门就摘下帽子。这种做法，他们认为含有前来寻仇之意。墨西哥人还以嗜酒闻名于世，而龙舌兰酒是墨西哥一大特产。在迎宾宴会上，主人通常会首先向来宾敬酒，并且大都会提议宾主采用手臂交叉的“伊达尔戈”方式喝酒。墨西哥人基本不劝酒。

巴西礼俗

2008 年 8 月 7 日，中国国家主席胡锦涛在人民大会堂会见了前来参加北京奥运会开幕式和相关活动的巴西总统卢拉。和其他外国领导人见面时不同的是，胡锦涛和卢拉见面时，行完国际通行的握手礼之后，还行了热情的巴西人的见面礼——拥抱礼，让人印象深刻。

巴西是南美洲面积最大的国家，是世界上天主教徒最多的国家，超过 83%的居民信奉基督教，少数居民信奉犹太教。

巴西人主张不同场合着装应不同。非常重要场合，男士一定要穿西装，女士穿套裙。平时，男士喜欢穿短裤和衬衫；女士喜欢色彩艳丽的裙装，佩戴首饰，赤脚穿鞋。巴西的黑人妇女一般爱穿短小紧身的上衣、宽松肥大的花裙，并且经常身披一块又宽又长的披肩。

社交场合通常都以拥抱礼或亲吻礼作为见面礼节，只有在十分正式的活动中才握手为礼。在巴西民间，还流行一种具有浓厚民族特色的“握拳礼”“贴面礼”等见面礼节。行“握拳礼”，先是要握紧自己的拳头，然后向上方伸出拇指，主要用于问安或致敬。“贴面礼”是巴西妇女之间所采用的见面礼节。行“贴面礼”时，双方要互贴面颊，同时口中发出表示亲热的亲吻声，但不能真正用嘴唇去接触对方的面颊。“OK”手势应避免使用，因为这在巴西是表示下流含义的手势。

巴西的土著人在欢迎外来客人尤其是贵宾时，会举行仪式来表达对客人的友好和欢迎。首先要由一个巫师向客人脸上吹气，以驱除他们有可能带来的疾病。其次男主人会泪流满面地致欢迎词，他们认为眼泪是对客人最好的欢迎方式。最后女主人会用调好的特殊颜料把客人的脸涂成红色或者黑色。

土著人有以“沐浴礼”来欢迎客人。客人到来后第一件事就是被主人邀请入室沐浴，并且客人洗浴时间越长，表示对主人越尊重。主人有时会和客人一起沐浴，边沐浴边交谈。

交往中，巴西人认为迟到十多分钟到二十分钟是很正常的事。

巴西人以葡萄牙语为自豪，所以交往中葡萄牙语是第一用语，包括与他们交往中使用的文字材料、名片，最好能有葡萄牙语版，在他们看来这样是非常受欢迎的表示。巴西人没有“私人空间”的同感，他们能在非常近的距离下进行交谈。交谈中如果有人关注他们的孩子，或者夸奖了孩子，他们会很高兴。巴西被誉为“足球王国”，所以非常乐于谈论足球。不喜欢谈带有种族歧识的笑话，也不喜欢谈论阿根廷。

巴西人送礼忌讳送手帕，认为送手帕会引起吵嘴和不愉快。也不送刀，认为刀会割断友谊。购买礼品时，会把原来包装的纸剪掉一点，认为包装纸是管运气的，剪掉一点就能把运气放出来。

巴西人很重视亲笔签名。无论写信、便条等，都要郑重地签下自己的名字，他们对他人代签或以印章替代签字的做法是不理解的，认为这是不尊重对方的表现。

在巴西，午餐是一天里的主餐，而晚餐通常在晚上 8 点进行。

巴西人饮食主要以欧式西餐为主，饮食习惯由于民族或居住地的不同而有所差异。例如，圣保罗州巴西人的饮食一般以意大利风味居多，在南部的圣塔卡林纳州则以德国风味为主。但是巴西人的餐桌礼仪没有美国和欧洲那么严格。他们用刀叉用餐的方式主要有两种：一种是大陆式的，一手总拿着叉子；另一种是美国式的，换手拿刀叉。用餐完毕把餐具水平放在盘子上面。认为用手和手指直接接触食物“不干净”，用手拿食物时可以借助餐巾。饮食上忌吃奇形怪状的水产品和用两栖动物肉制作的菜品，也不爱吃用牛油制作的点心。喝酒讲究不醉，醉酒在巴西视为粗俗之极。巴西人最爱喝咖啡，像中国人喝茶一样。素有“咖啡王国”之称。

阿根廷礼俗

阿根廷白种人占97%，几乎全是欧洲移民后裔。主要宗教天主教，教徒占全国人口的94%。日常交往礼仪和欧美其他国家基本一致，并受西班牙影响为最。

交往中普遍用握手礼，一般以“先生”“小姐”或“夫人”相称。若是亲朋好友，男士间行拥抱礼，女士之间用双手握手并互吻脸。阿根廷人为了表示对客人的友好和亲热，常会不断地和客人握手，作为客人千万不要认为这是多余的，这有助于加深友谊。

在正式场合，着装讲究干净整齐，做不到这一点会失去阿根廷人的尊重。在一般情况下，无论是正式访问还是外出或在餐厅用晚餐，一定要男穿西装套装，女着套裙或长裙。即使是游客也不例外。在阿根廷最好不要穿灰色的套装、套裙。去访问或做客都必须西装革履，整整齐齐。

阿根廷人普遍喜欢吃欧式西餐，以牛、羊、猪肉为喜食之物，当地人的烤牛肉可以说是“国菜”。当地有一种名为“马黛茶”的饮料，最具阿根廷特色。

阿根廷商人喜欢邀请客人到家中做客。到家里做客可以给女主人送上一束鲜花或一些糖果。阿国人对其“牛仔”文化感到骄傲，可以称赞两句。晚餐9~10点钟才开始，餐前会有鸡尾酒会，也得到7~8点钟才会开始。

阿根廷人交谈时，彼此间的距离通常很近，他们认为距离近表示亲近。喜欢别人夸奖他们的孩子、家里的陈设和他们的菜。避免谈论有争议的宗教、政治问题。可以谈谈体育，特别是足球以及当地的公园。在阿根廷，用手指轻碰脑袋是我想想的意思。

拜访阿根廷人可以赠送一些小礼品，不要送衬衫、领带之类贴身用的物品。送菊花、手帕也是不适当的。

阿根廷与中国正好是相反的季节。

欧洲地区

英国礼俗

国内一个金融界的高级代表团到伦敦访问，英国接待方在豪华的Ritz酒店设宴招待。宴会结束后，英方为每位中国客人赠送了一份包装精美的小礼品。结果不少人嫌礼物太轻而随后就弃之于桌面，这样的举止使英方尴尬不已，也对代表团产生了不好的印象。

英国人口主要由四个大的民族构成，即英格兰人、苏格兰人、威尔士人和爱尔兰人，其中英格兰人占人口总数的80%。绝大多数英国人都信奉基督教。

在英国，“外表决定一切”，讲究以衣帽取人。男士讲究天天刮胡子，留胡子者往往会令人反感。只要一出家门，就应该衣冠楚楚。英国男士会穿三件套的深色西服，打传统保守式的领带，但不打条纹领带。穿西服套装的时候不能配浅色皮鞋，最好穿黑色系带皮鞋。无论内穿还是直接外穿，长袖的衬衣袖口必须扣上扣子。长袖衬衫的袖子也不能挽起来，否则会被视为没有教养的表现。即使天气再热，在正式场合也不能穿凉鞋，否则是很不礼貌的，认为只有在海滨度假或在家休居的时候才穿凉鞋。

与人初次相识，一般都行握手礼，而平时则很少握手，只是彼此寒暄几句，有时只是举一下帽子，略示敬意。大庭广众之下一般不行拥抱礼或亲吻礼。相会或道别的时候，要避免越过另外两个拉着手的人和第四人握手。另外，插队是让英国人非常反感的行为。

当有机会和王室成员交往时，应注意王室礼仪。来自环球网2014年4月25日消息。澳大利亚总理阿博特在接待威廉王子时，把手搭在威廉王子的背上，向他介绍联邦议会。但总理这个看似平常的举动而被指责违反王室礼仪规范。王室礼仪规范禁止平民在没有受到邀请的情况下触碰王室成员，总理也不例外。甚至连握手也有可能违反王室礼仪规范。应该等候王子把手伸出来才能上前握手，而非主动伸手。

英国号称“绅士之国”，所以“女士优先”的社会风气很浓，男士在社交场合都非常严格地遵循“女士优先”这一行为惯例。丈夫通常要携同妻子参加各种社交活动，而且总是习惯先将妻子介绍给贵宾认识。

英国人普遍认为：与他人打交道时，必须保持适当距离，与人交往要宽以待人，善于理解和容忍他人的所作所为。不爱跟他人进行毫无意义的争论，而且极少当着外人的面使性子、发脾气。相互之间十分客气、礼貌，无论是对服务员、司机，还是在家人、夫妻、至交之间都是如此。在公开场合不表露个人情感，不轻易表态。

称呼英国人，宜用“British”，而不是“English”。交往对象如有世袭头衔，最好称呼头衔，因为这是他们的荣耀。交谈中不要涉及英王、王室、教会以及英国各地区之间的矛盾，特别是不要对女王和北爱尔兰独立问题说三道四。站着交谈时，不可背着手或两手放在口袋里，他们认为双手放在口袋里伤风败俗。大庭广众前耳语或拍肩背也被视为失礼。

英国人以自己的辉煌历史自豪，他们把昔日的辉煌和本民族的王室、贵族、法制、渐进、宽容等许多传统联系在一起并加以恪守。像几百年前的典章制度、宫廷服饰、爵位封号、教育制度仍被视若珍宝，不忍割舍。最典型的就是英国王宫白金汉宫门前的换岗仪式，警卫兵无论服饰、武器，还是口令、步操，都是按百年之前的形式来进行；法院正式开庭，或法官的某些重要集会，法官都要戴假发，身穿黑袍；教堂做礼拜时，神父也要身穿长袍。

不要手背朝外做“V”形手势，他们认为这是蔑视他人的做法。英国人擅长自我嘲弄的幽默，喜欢嘲笑自己的错误、缺点、尴尬境地等，对自己的幽默感十分自豪。

当众打喷嚏、在室内撑伞、从梯子下面走过都是被忌讳的。儿童不能用手指月。还忌讳看到流星，认为流星是报丧的。

英国人相信当一只黑猫出现在你面前，并让你摸它的脑袋，则象征着好运即将降临。相反，如果它用屁屁对着你，让你摸它的尾巴，则会带来厄运。而如果在13日的星期五碰见黑猫，更是不吉利中的不吉利。

英国人在交往中赠送礼品，强调其纪念意义及精美包装，不在意礼品的实际价值。而如果客人过于在意礼品的价值，反而会被认为不是真正朋友。对中国民族特色的工艺美术品，如竹帘画、绘有熊猫图案的纪念品、软木雕、虫鸟花草贝雕等都很喜欢。

英国购物场所忌砍价，认为砍价丢面子。当买的是贵重艺术品或数量很大的商品时，需要小心地和卖方商定一个全部的价钱。他们认为一件商品的价钱合适就买，不合适就走开。

英国人对茶十分感兴趣，比欧洲任何其他民族都更喜欢喝茶。

所喝的茶是红茶，喝茶时首先要在茶杯里倒入一些牛奶，然后才能依次冲茶、加糖。有喝下午茶的习惯，即在下午 3~4 点钟的时候，放下手中的工作，喝一杯红茶，有时也吃块点心，休息一刻钟，称为“茶休”。如果被邀共同喝下午茶，表示感谢并欣然接受就可以了。

英国人午餐比较简单，视晚餐为正餐，重大宴请活动大都放在晚餐进行。英国的宴请方式多种多样，主要有茶会和宴会，茶会包括正式和非正式茶会。出席宴会前，如果请柬上写有“打黑领带”，则要求男士穿全套晚礼服，女士穿长裙。去英国人家里做客，最好带点价值不高的礼品，因为花费不多就不会有行贿之嫌。比如，高级巧克力、名酒、鲜花，具有民族特色的民间工艺美术品，以及文艺演出的票等都可以。英国人在席间不布菜也不劝酒，全凭客人的兴趣取用。一般要将取用的菜吃光才礼貌，不喝酒的人在服务人员斟酒时，将手往杯口一放就行。客人之间告别可相互握手，也可点头示意。吃饭时刀叉碰响杯盘、碰撒食盐、进餐吸烟等，都被视为极失礼的行为。

德国礼俗

据《国际先驱导报》2013 年 6 月的一篇《中国游客在欧形象调查》的报道中说，德国柏林的一家中餐馆老板娘生气地告诉《国际先驱导报》记者：中国游客在饭店吃饭，喝酒一轮接一轮，高谈阔论，旁边的人根本没法吃……有一次我让他们小声点儿，他们反过来说我，你为什么要管我，我们出来就是要高兴的……这样的人再有钱也让人看不起。

德国的主要宗教信仰是基督教。

德国人对发型比较重视。男士不宜剃光头，免得被认为是“新纳粹”分子。少女的发型多是短发或披肩发，烫发的女士多是已婚者。男士根据自己的脸形、发式及胡须的疏密长短经常不断地修整和梳理胡须，通过不同样式的胡须来体现自己特有的风度和气质。

穿着打扮上讲究庄重、朴素，不喜欢时装的过分花哨时髦，衣冠必须整洁，外出时必须要穿得整整齐齐。他们对衣冠不整、服装不洁者难以忍受。

身体立正、右手向上方伸直、掌心向外的打招呼方式，在德国被禁忌，因为这是过去纳粹的行礼方式。对纳粹党党徽的图案“卐”十分忌讳（这是两个缩写 S 字母的交叉，中间相交部分为“×”形，连其周边空缺，整体呈菱形，和佛教的万字符“卐”或“卍”较像但有区别）。

一般情况下不能称呼人的名字，应称其全称或姓氏。对成年男士称“先生”，对已婚女士称“太太”或“夫人”，对未婚女士称“小姐”。只称姓氏不冠以先生、太太或小姐是无礼的表现。在一般社交场合，他们总乐于在打招呼时称呼他人的头衔。

不要盯着人看，这样会显得没礼貌，或者索性就被当作神经病。不要过于热情，他们不喜欢“自来熟”。德国人相对较拘谨，通常以握手作为见面礼节。和亲朋好友见面往往用拥抱礼，有些上年纪的德国人，在离开告别、见面问候，往往习惯脱帽点头以示致意。

遵守法纪在德国被视为做人的美德，他们时间观念很强。一旦约定时间，迟到或过早抵达都视为不懂礼貌。（如图 6–2 所示）

和德国人交谈时尽量说德语，不喜欢总闲聊，直奔主题是受他们欢迎的沟通方式。谈话内容不宜涉及纳粹、宗教与党派之争。认为在公共场合窃窃私语是十分无礼的，几个人交叉交谈是被反感的行为。对工作一丝不苟，在社交场合也举止庄重，讲究风度。几乎见不到德国人皱眉头等漫不经心的动作，因为他们把这些动作视为对客人的不尊重，是缺乏教养的表现。

德国人认为路上碰到了烟囱清扫工，便预示着一天要交好运。非常珍惜本国的文化传统，家庭观念极强，把亲人间的团聚视为最幸福的时光。

德国人很重视送礼物。如遇到亲朋好友生日、节日、婚嫁都会寄送贺卡，有时也会送贺礼。一般不送刀、剑、剪、餐刀、参茶或餐具。送高质量的物品，即使很小，对方也会喜欢。送烈性威士忌比低度威士忌更受欢迎。如果送葡萄酒，则意味着客人认为主人的选酒品味不够好。礼物通常要用包装纸包装好，但不用褐色、黑色、白色的包装纸和彩带包装。按照德国送礼的习俗，送上一束包好的

图 6-2 德国人非常有时间观念

花是不礼貌的。

德国人发明了自助餐，外出用餐他们喜欢自助餐的用餐方式。最爱喝的饮料是啤酒。如果同时喝啤酒和葡萄酒，先喝啤酒，后喝葡萄酒，否则被视为有损健康。用餐时，吃鱼用的刀叉不得用来吃肉和奶酪。食盘中堆积过多的食物被认为是缺乏修养的表现。

法国礼俗

2007 年初，法国社会党总统候选人罗雅尔访华期间，到北京一户普通家庭做客。临别前，女主人送给法国客人一幅漂亮的“中国结”和一些小礼物作纪念。为表示感激，罗雅尔站起身来要和她行法式贴面礼，但这一举动却让女主人不知所措，两人尝试了好几次“贴面”都没有成功。最后罗雅尔和女主人都尴尬不已，让在场的记者笑倒一片。

法国法兰西人约占总人口的 90%。超过 65% 的人信仰基督教。

法国人重视仪表。女士几乎天天化妆和美容，尽力把自己打扮得更年轻、更漂亮些。男士也经常出入美容院，参加正式的社交活动前，会剃须修面，用香水。讲究服饰，善于穿着打扮，并且注重搭配。在选择发型、手袋、帽子、鞋、手表、眼镜时，都强调和着装的协调一致。强调衣着不能过时落伍或者过分超前。有身份的法国人出席正式场合时，往往不会把同一套服装穿两次，他们认为这样有失身份。出席庆典仪式时一般穿礼服，男士常常穿着燕尾服，并配领结，或者穿黑色的西服套装；女士多穿连衣裙式的单色大礼服相配。法国女士忌讳佩戴仿真人造首饰。

法国人普遍喜欢使用第二人称，含义为“您”。对陌生人最常见的称呼是“先生”“夫人”“小姐”，但对已婚女士不能称“小姐”。如对方有职务、学衔、学位，最好冠以职务、学衔、学位。对官员、贵族有身份者称“阁下”“殿下”等。

法国人常用的见面礼节主要有握手礼、拥抱礼、接吻礼和贴面礼，其中贴面礼使用最广。行礼时，一般彼此在对方的左右面颊上各贴两次，也有的地区贴一次或者三次，并要连续发出“啧啧”声音，表示亲切友好。法国人行接吻礼时，规矩很严格：朋友、亲戚、同事之间只能贴脸或面颊；长辈对晚辈是亲额头，只有夫妇和情侣才真正接吻。

法国人礼貌语言不离口。“对不起”“您好”“谢谢”“再见”等是法国人常用的礼貌用语。在公共场所，男士提裤子、女士隔着裙子提袜子，及女士坐时跷二郎腿都被认为是失礼行为。

法国人富有“骑士风度”，“骑士风度”的核心就是尊重女士，以在公开场合恭敬女士、保护女士、服侍女士为荣。今天风行世界的“女士优先”即源于此。现在，良好教养的法国男士身上仍然体现着这种高雅的风度。尤其在公共场合和社交场合，男士都严格遵循

“女士优先”的礼貌规则，充当“护花使者”是男士的天职和荣幸。

法国人酷爱花卉，鲜花是法国人生活中不可缺少的组成部分。浪漫的法国人还赋予鲜花多种寓意，用来表达各种不同的感情。比如，玫瑰表达爱情，海棠表示友谊，兰花代表虔诚，水仙则表示无情，报春花代表初恋。花是法国人最常用的礼品，无论婚丧嫁娶、探亲访友，还是出席宴会，各种场合都可以以花为礼。

法国人拥有极强的民族自尊心和民族自豪感，偏爱“国货”，在他们看来，不管什么都是法国最棒。和法国人交谈时，如能讲几句法语，一定会使对方热情有加。喜欢选择一些足以显示其身份、品位的话题，如历史、艺术。对于恭维美国、英国和德国，贬低法国的国际地位、历史贡献、种族纠纷以及科西嘉独立等问题，都是他们反感的。对他们而言，拇指和食指分开表示“2”，用食指指自己的胸部表示“我”，拇指朝下指表示“差”或“坏”，掌心向上表示诚恳，耸动肩膀则表示高兴或惊讶。

初次见面法国人一般不送礼，认为初次见面送礼是不善交际，甚至认为这样很粗鲁。

法国人非常爱护动物，虐待动物被视为非常不人道的行为，甚至认为“在法国，妇女比男士受优待，而动物又比妇女受优待”。

法国人爱好音乐、舞蹈。即便明天奔赴战场，今天也要参加跳舞晚会娱乐一番。

被邀请到某人家里做客是难得的，即使相识很久。例如，获邀请去家里做客，给女主人送上鲜花（玫瑰、菊花除外）或巧克力之类小礼品将是受欢迎的。法国对奶酪的消费量居世界第一位，如果到法国人家中做客，主人不仅拿出各种各样的葡萄酒来招待客人，而且还会端出各种各样的奶酪让客人品尝。

法国美食有着悠久的历史和传统，是世界三大烹饪王国之一，法国菜是西餐中最讲究的一种。法国人讲究在餐桌上要以不同品种的酒水搭配不同的菜肴。常规做法是：餐前要喝开胃酒，吃鱼要喝白葡萄酒，吃肉要喝红葡萄酒，餐后才适合喝利口酒或白兰地。法国人大都不太欣赏鸡尾酒。除酒水外，平时还爱喝生水和咖啡。法国随处可见的咖啡馆和露天咖啡座，早已成为社交重要场所和街头一处美丽的风景。

西班牙礼俗

据西班牙《华新报》报道，西班牙南部城市Sevilla，一位在西班牙工作的中国人却因“嗓门”事件被很多亲戚疏远了。亲戚们说：这小子用家里的钱读了洋书，现在变成洋人了，有朋友亲戚来，说话都被要求低声下气，说是为免遭邻居白眼。纷纷指责他忘了本。其实，他只不过是要求亲戚朋友们嗓门低一些，不要去影响他人，要尊重他人而已。

西班牙96%的居民信奉基督教。

西班牙人在正式社交场合通常穿保守式样的西装，内穿白衬衫，打领带。他们喜欢黑色，因此一般穿黑色的皮鞋。西班牙的女士上街必须要佩戴耳环，认为如果不戴耳环出门，就像没穿衣服出门一样，会被人笑话。

西班牙人通常在正式社交场合与客人相见时，行握手礼。与熟人相见时，男士之间常紧紧地拥抱，女士之间要轻轻搂一搂并亲吻双颊。

在对待时间上，西班牙人只有在看斗牛时才准时到达，但客人应当守时守约，即便对方晚到，也不宜加以责怪。

名闻世界的西班牙斗牛，是颇为盛行的一种竞技表演，起源于古代的宗教活动。18世纪中叶，西班牙各地开始兴建正式的斗牛场，每年春秋两季便是斗牛季节。斗牛是西班牙人最引以为傲的，他们崇尚斗牛士，当然有关斗牛的坏话是让西班牙人难以容忍的。如果对斗牛情况不了解，最好不要对斗牛活动发表任何意见。西班牙人性格开朗、热情，但容易激动，有时发生争执是很正常的，他们对此已习以为常。但非常在意在公共场所保持基本礼貌，特别是保持安静、小声说话。

西班牙人喜好广交朋友，交友不太在乎对方的背景和社会地位，也不在意年龄和性别，只要谈得来就会坦诚相见、长期相处，而且重视友情。

西班牙女士善于使用扇子表达感情。当女士打开扇子，把脸的下部遮起来，意思是：我是爱你的，你喜欢我吗？如果一个劲快速地扇扇子，那意思是说：离开我。如果一会儿打开一会儿合上，则表示：我很想念你。因此初到西班牙的女士，如果不了解扇语，最好不要使用扇子。

西班牙人的午餐一般在下午 1 点半以后，西班牙的社交活动大多习惯于安排在晚上 9 点以后，晚餐在晚上 10 点左右才开始。饭店一般晚上 9 点才开门营业，到晚上 11 点才有大批吃饭的人光顾。吃东西时，通常会礼貌地邀请周围的人一起分享，但这仅是一种礼节上的表示，不要贸然接受，否则会被他们视为缺乏教养。

每逢除夕夜晚时，西班牙人用一种特殊的方式祈求幸福。午夜钟声一响，每个人都要吃下几粒葡萄，预祝自己在新的一年里诸事如意。逢年过节时，西班牙人习惯在手中拿一枚金币，认为这样有福气，没有金币的人，会拿枚铜币来代替。西班牙人认为小孩在元旦之日打架骂人和啼哭都是不吉利的、不祥的征兆，所以大人在这一天里会尽量满足孩子的各种要求，以使孩子开心快乐。

意大利礼俗

据意大利《欧联时报》报道，两位华人到普拉托政府办公室办事的过程中，竟然两次被工作人员误认为是日本人。面对疑惑，工作人员解释居然是："因为来这里办事的中国人从来没人穿西装，你们穿西装又很有礼貌，所以才把你们误认为是日本人。"原来大多数华人素来习惯休闲服饰，在一些重要场合穿着过于随意，难免让人觉得不够严肃和不礼貌。

意大利大部分居民都信奉基督教。

意大利人普遍认为衣着能体现修养与见识，所以爱时髦，注重衣着及搭配。在正式社交场合，一般穿西式服装，男士习惯穿三件套西装，女士穿西式套裙。在社交场合，有些有地位有身份的人甚至一件衣服不会穿两遍。在日常生活中，男士一般戴鸭舌帽，穿背心；女士穿长裙，有时戴头巾。

平时在路上遇见熟人，一般会招手致意，或向对方行"压帽礼"，即以手将帽子拉低，这是重视对方的表示。在社交场合相见，意大利人经常握手为礼，亲朋好友久别重逢时会热情地相互拥抱，有时也会相互贴对方的面颊。异性之间一般可以相互握手问好。

意大利人极爱聊天，聊天时喜欢靠近一点，但盯视他人则被认为是不礼貌的。聊天时爱搞"一言堂"，常常将聊天变成一方的"长篇演说"；主张直言不讳，所以往往容易和他人发生争论。不过争辩一过，他们立刻会显得"风平浪静"，不会记仇。非常重视他人的地位，尤其对历史悠久的家族人士，更是刮目相看。"黑手党"、各地区经济发展不平衡，以及第二次世界大战历史，都是不受意大利人欢迎的话题。

意大利人不但表情丰富，而且喜欢运用不同手势表达思想感情。竖起食指来摆动，表示的是“不”“不行”；用食指顶往面颊来回转动，表示“好吃”；以食指按在腮帮上转动两下，表示赞美某位女士“真漂亮”；五指并拢后，用食指的侧面敲击额头，表示“你真笨”；一边伸出手掌，一边撇嘴，表示“不清楚”；五指并拢，掌心向下，对着腹部来回转动，表示“我饿了”；而伸出双手，手掌向下，并且耸动肩膀，表示“我不知道这事”。

意大利人时间观念上和德国、英国人的严谨相比显得随意些。不仅赴宴、出席舞会、做客常常迟到，就连开会、上课迟到也是屡见不鲜。有人说，除了赶飞机和火车外，意大利人什么场合都敢迟到，迟到 15~20 分钟习以为常，他们认为这是一种礼貌和风度。

意大利人午餐是一天中最丰盛的，特殊情况下可能会持续两三小时。习惯吃通心粉，用通心粉做的各种面食就有四五十种。吃意大利通心粉的时候，要把通心粉缠绕在叉子上，卷成团，然后送入口中，吃时不能发出声响。通心粉、比萨饼等面食，都是意大利人的发明创造。

酒是意大利人离不开的饮料，在所有的酒类中最爱喝葡萄酒，连喝咖啡也要兑上一些酒，并喜欢在酒中加些冰块。比较重要的宴会，意大利人还会开香槟以增加气氛。如果瓶塞“砰”的一声弹出很远，且酒沫溢出，宾主认为是“吉兆”，就会鼓掌相贺。

意大利人喜欢邀请客人吃饭，如果一再邀请而拒不接受，会认为客人缺乏礼貌。请客吃饭常到餐厅。如果在家里请客，客人一般应带葡萄酒、鲜花或巧克力作为礼物。

希腊礼俗

希腊时间2008年3月23日上午11时35分，北京奥运会圣火最后一次试采集仪式在希腊奥林匹亚市古奥林匹亚遗址举行，最高女祭司玛利亚·娜芙普利都在赫拉神庙前的祭坛用备用火种点燃了北京奥运会火炬“祥云”。这位穿着白色长袍、气质高雅、仪态大方、声音洪亮的女祭司给全世界留下了深刻的印象。

希腊是欧洲文明的摇篮，特别是希腊作为奥林匹克运动的发祥地，为现代奥林匹克运动做出了巨大贡献。希腊人主要信仰基督教。

希腊人十分注意着装整洁，尤其是中老年人更讲究衣着端庄大方，中老年人平时只要外出都要打扮自己，老太太们十分喜欢穿各式颜色鲜艳的服装。在日常生活中，希腊人也不喜欢过分暴露身体的服装，尤其是女士。女士喜欢穿长裙，并且喜欢戴头巾。很重视衣服的图案、色彩，喜欢图案别致、色彩鲜艳的衣服。

希腊人在社交场合和客人相见时是以握手为礼，但在许多情况下他们也以拥抱、亲吻来表达自己的友好。在路上与他人相遇时，即便素不相识也会向对方问候，以示友好。如果道路狭窄，他们总是让对方先行，尤其是对外国人。

希腊人身体语言丰富而特殊。表示“不同意”时，头会向上仰；歪着头时大半是表示肯定；不使用招手和摆手的动作，认为这是蔑视人的行为；在一些地区，人们表示告别时的做法，是以手背朝向对方招手；而招呼他人过来的做法，则是右手手腕弯拢，朝自己胸前来回晃动；掌心向外招呼对方，被认为是“下地狱”；用拇指、食指做成“O”形，在希腊被视为与“性”有关。另外，手离对方的脸越近则侮辱性越强；认为久久地凝视他人是不怀好意的表现。还认为当众打喷嚏是不吉利的事情，早上起床的时候尤其听不得他人打喷嚏。

希腊人对手帕的运用很讲究。外出散步时，经常夹在白色的短衫中间以表示有气派；跳舞喜欢挥舞着手帕；男士在社交场合穿深色西装套装时，也喜欢在左侧的上衣口袋中斜插一块手帕作装饰。公众场合如有人用手帕擦鼻涕，会被认为极失礼。

希腊人性格开朗，很多人都喜欢滔滔不绝地说话，对他人来说，最好的方式是恭敬地倾听。希腊是奥运会的发祥地，所以与希腊人谈话时，有关奥运会的话题当然是受欢迎的。他们不喜欢他人谈及有关塞浦路斯以及国际政治中有关对希腊有争议的话题。

不要轻易称道希腊人所拥有的物品，否则希腊人通常就会当即以此物相赠，如对方不接受会被希腊人认为不礼貌。马蹄铁在希腊被看作最灵验的护身符，认为不仅象征幸运，而且具有驱魔避邪的神奇力量。大蒜和石榴，在希腊人心目中有很高的地位，过年时通常会将大蒜和石榴挂在墙上“驱除邪恶”。在希腊的传统民俗里，蛇被视为神灵，盐被当作圣物，二者广受尊重。

希腊许多地方，如名胜古迹等处，都不许拍照。希腊官方还特别规定，未经官方许可不得随意支起三脚架拍照，否则会遭到惩处。

希腊人非常爱睡午觉。冬季每天下午的两点钟至五点钟，夏季下午一点到五点，都称为希腊人“不设防的时间”。在这段时间内，机关不办公，商店不营业，人们都要回家去睡午觉。同时在这样的时间内尽可能不要打电话到人家家里。

希腊人的晚餐开始得很晚，雅典城里晚饭一般 10 点后才开始。被请喝浓郁的咖啡和希腊烈酒时，贸然拒绝被认为是对主人的不尊重。希腊人大都能喝酒，不管是午餐还是晚餐都喜欢喝上两口，认为喝酒微醉并不失风度。

荷兰礼俗

荷兰是世界上人口密度大的国家之一。对荷兰社会影响最大的是罗马天主教和荷兰新教。但近年来荷兰不信基督教的人数已大大增加，达到总人口的 32%。荷兰也成为欧洲基督教堂关闭最多的国家。

大部分荷兰人的穿着打扮和欧洲大陆的其他国家大同小异。在正式社交场合，如参加集会，宴会，男子穿着都较庄重。女士衣着典雅秀丽。

荷兰人时间观念强，讲究准时。因公交往提前约好再来荷兰，宜穿保守样式西装。因公会面通常行握手礼。日常朋友相见大多行拥抱礼。与亲密的好友相见时，也有施吻礼的，他们不喜欢交叉着握手。

荷兰流行女士优先的礼仪，不管什么场合，男士都应为女士提供方便。

不要提起纳粹，避免谈论钱、物价和美国政治。比较受欢迎的谈话内容包括旅行和体育，荷兰知识分子对中国传统文化（汉学）比较了解，可以聊聊孔、孟哲学。荷兰人家具、室内装饰闻名于世，所以荷兰人喜欢别人恭维他们的家具、艺术品、地毯和家中摆设。因公谈判中，不要一开始就亮出底线。

荷兰人忌讳 13 和星期五，不喜欢别人对他们拍照。

饮食上习惯吃西餐，但对中餐也颇感兴趣。荷兰人早、午餐多吃冷餐。不太喜欢喝茶，平常以喝牛奶解渴。荷兰人的正餐是晚餐。晚餐前都习惯先喝些饮料。

倒咖啡有特别的讲究，只能倒至杯子的三分之二处，倒满被视为缺乏教养。

荷兰人把胡萝卜、土豆和洋葱混合烹调而成的菜叫“国菜”，每年的10月3日，家家户户都要吃这种“国菜”，他们很喜欢吃柑橘类水果，其他水果则吃得不多。

如果荷兰人邀请你到他家坐坐，最多只请你喝几杯酒，然后出去上饭店就餐，记住带花送给他太太——必须是单数，5朵或7朵最好。

瑞士礼俗

瑞士全境以高原和山地为主，有“欧洲屋脊”之称，人均GDP一直位居世界前列。信奉天主教的居民超过60%。

在瑞士进行商业会晤最好事先安排。正式社交场合一般是穿西服，在日常生活中则穿各式各样朴素大方的服装。

瑞士人习惯行握手礼，握手时两眼注视对方。亲朋好友见面也施拥抱礼，女子则施吻面礼。对于陌生人总是彬彬有礼，乐于助人。

瑞士人不喜欢随意触碰他人的身体，一旦碰到他人身体，马上会说对不起。他们有礼让他人的习惯，不管是妇女老人还是有急事的男士。喜欢安静，房内行走总是尽可能避免发出大的响声。

给瑞士公司写信，信封上写公司或公司部门名称就行，不要写具体人名。否则万一该人不在，这封信他人就不会拆看了。瑞士商人对“名牌”商品很感兴趣，若是品牌很硬，最好在信封或信纸上注明该公司设立的年份，这样能够大大提高商品身价。

交谈时恰当的话题有：体育运动、瑞士的观感、旅游。反感的话题是有关减肥和节食（特别是在用餐时间）、个人的年龄、职业、家庭或私人生活等问题。

对数字“11”倍加偏爱，视其为吉祥的数字。忌讳13和星期五，不喜欢饰有猫头鹰图案的物品，也不喜欢黑色。忌讳有人打听他们的年龄、工资及家庭状况。不在阳台上晒衣服，认为这会影响市容。

接受礼品应当场打开包装并表示欣赏和感谢。

不要在见面当天就请对方一同进餐，而应在稍熟悉后。瑞士人通常不主动请客人到家里吃饭，如接到约请应带鲜花或糖块送给女主人（红玫瑰应是1枝或20枝，不送3枝）。

瑞士人以西餐为主，讲究菜肴色、香、味、形，注重菜肴精烹细作。口味清淡，菜稍带甜味。以西餐为主，爱吃法国菜；对中国菜也极感兴趣。就餐时，反感餐具相互碰撞的响声和咀嚼食物的声音。在宴席上对主人最大赞赏就是再取一些已尝过的食品。

奥地利礼俗

奥地利有“音乐之邦”“绿色王国”和“森林之国”的美誉。超过80%奥地利人信仰基督教。

在奥地利，绿色最令人喜爱，包含许多服饰品也都运用绿色。

比如，有灰色的法兰绒西装，特意用绿色边儿。狩猎装八成运用绿色。

奥地利男子平时着装随便，喜欢穿羊皮短裤或马裤；正式场合则穿西装。看歌剧时着装讲究，不穿便服和牛仔服之类的服装，而大都穿礼服出入歌剧院。

遵守先约定好的时间。会面时应和在场的每个人亲切握手。如应邀“午餐”，不要抢着付账，但是最好找机会回请一次午餐。若应邀你到家中做客，记得带一束鲜花或一盒巧克力去。

奥地利人相见时，一般以握手为礼。说话时双方相距半米左右，声音不高。一些地区还保留着一种古老的寒暄方式：愿神降福于你。

奥地利人很热情，在公共场所，奥地利人即使是和陌生人相见也会打招呼。

奥地利的酿酒业享有盛名。招待客人一般在家里进行，若在餐馆宴请，则菜肴很丰盛，并且非常讲究用餐环境和气氛。

奥地利商业人士注重头衔，讲究面子，守信誉。谈判前要搞清他们的职别，称号等。访问时的名片也应有头衔，以及相应的德文。在建立商业关系前，他们一般不愿意提供公司业务情况的具体数据或材料。受到当地人的商业招待时最好回请，时间以周末下午为宜。

和奥地利人交谈，可以谈历史、文化、旅游，但不要主动谈战争、金钱、宗教或政治之类、荒唐淫秽的话题。大多数人忌讳 13 和星期五。一般不喜欢黑色。

土耳其礼俗

现代的土耳其人是过去突厥部落后裔。绝大多数信奉伊斯兰教。

在信奉伊斯兰教的国家中，土耳其人的穿着打扮相对比较开放。男子讲究蓄须，多穿装革履，而灯笼裤却得以保留；妇女平时穿鲜艳上衣和花俏灯笼裤，但不穿无袖上衣和西式短裤。到清真寺做礼拜，女士必须包头巾、穿裙子。

土耳其对老人或有地位的人要表示恭敬。晚辈见长辈，行“捧手碰额礼”，即捧起长辈右手轻吻，并使之轻触自己额头。社交场合对不太熟悉的人一般握手，穆斯林女士不回避和男士握手。同亲朋好友相见时，互吻对方双颊且不停问好。

称呼土耳其人，应在姓氏前加上“先生”“女士”或官衔、职称。只有交往很深时，才称呼姓名。

在土耳其拜访，尽量提前预约，要准时赴约。

向前点头表示“赞同”；摇头表示“我不明白”；双手上举至头表示“谢谢”，有时还配以轻微点头。

公众场合男女过分亲昵，会被认为伤风败俗。

认为左手不净，忌讳左手传递东西或食物。用食指或脚尖指人是失礼行为。

在商业谈判前，对方一定会奉上一杯苦不堪言的土耳其茶，然后闲聊一会儿。土耳其商人在谈判中喜欢讨价还价。

土耳其人喜欢说自己是“欧洲人”，而不是“中东人”。谈话忌谈当地政治，及土耳其与希腊的纷争。喜欢谈论无异议的国际问题，家庭、职业以及业余爱好。（如图 6–3 所示）

“哈们”是土耳其传统的洗澡方式，是“蒸”而非“洗”。

土耳其人辟邪“宝物”是“邪恶的眼睛”，许多人随时随地带这种蓝色的玻璃护身符，用以吸引邪恶之神的注意，逃避厄运。

土耳其人特别喜欢花。应邀赴宴的客人也不会忘记给好客的女主人带一束鲜花。如去探望病人，带一束鲜花则比别的礼物更受欢迎。

土耳其烹调闻名于世。肉食中以羊脑髓为珍贵，视为上等补品；禁食猪肉、甲鱼、螃蟹等。土耳其人喜欢喝浓咖啡，糖也加得很多，但绝不搅拌，也不加奶。商界招待午餐、晚宴，往往十分豪华，菜肴丰富，较耗时间。

被邀请到家中吃饭时，进屋脱鞋。送别时主人会行“交手鞠躬礼”，即先将双手交叉于胸前，同时 90 度深鞠躬。

土耳其人喜爱绿色、白色和绯红色。禁忌紫色和黄色，因为黄色标志着死亡。在土耳其应慎用绿三角，绿三角是免费用品的标志。他们在布置房间、客厅时，绝对禁忌用花色，因为民间一向认为花色是凶兆。

图 6-3　不要说土耳其人是中东人

俄罗斯礼俗

据《重庆商报》报道，重庆开县一小伙娶俄罗斯姑娘的婚礼现场，父亲对儿子、儿媳道出一席祝福的话后，新娘按照俄罗斯人的礼仪，上前拥抱公公亲吻时，“要不得、要不得哟！”父亲满脸通红，连连后退，憨厚的语言引得众人大笑。幸好儿子及时解围，才解除了尴尬局面。

俄罗斯人主要信奉基督教三大教派之一的东正教。

俄罗斯重视仪表，注重服饰。外出时总是衣着整洁，穿戴整齐，衣扣要扣得完整，不能把外衣搭在肩上或系在身上。在俄罗斯的城市中，人们一般穿西式服装，男士穿西服套装，女士穿西服套裙或者连衣裙。并且由于天气寒冷，他们的衣服总是显得很厚重。在俄罗斯乡村，已婚女士一般戴白色头巾，而未婚女士一般不戴头巾，往往戴帽子。在正式场合，尤其是参加晚会、观看演出的时候，俄罗斯人一般穿晚礼服。

俄罗斯人的姓名一般由本人名字、父名和姓氏三个部分组成。俄罗斯女士婚前用父姓，婚后用夫姓，本人的名字和父名不变。按照俄罗斯的民俗，不同关系者间的称呼方法不同。通常对较熟悉者，惯于称呼其姓或直呼其名；为了表示对交往者的尊重，可将其本人的名字与父名连在一起称呼，有时还用爱称。只有和初次见面者，或在极为正规的场合，才有必要把三部分连在一起称呼。

和客人相见时，经常会主动问候“早安”“午安”或“晚安”。常用“您”字表示尊敬和客气，多用于称呼女士、长辈、上级、贵宾等，而对于年轻人和朋友，俄罗斯人经常用“你”。社交场合初次相见，惯于行握手礼。如果多人同时互相握手，切忌形成十字交叉形。对于熟人、朋友，尤其是久别重逢时，或者是亲人之间见面或者告别时，大多和对方行拥抱礼，有时还会亲吻对方面颊。在比较隆重的场合，男士对所尊敬的已婚女士，一般多行吻手礼，以示谦恭和崇敬。

俄罗斯人非常尊敬女士，“女士优先”很盛行。凡在公共场所，无论是行走让路，还是乘车让座，他总要对女士有特殊的照顾。不尊重女士的行为会被人耻笑。俄罗斯人非常在意公共环境的整洁，绝不能在街上丢弃任何东西，连一张过期的电影票也不行。

在社交生活中，俄罗斯人总是站有站相，坐有坐姿，站立时保持身体正直。等候时无论时间长短，都不蹲在地上，也不席地而坐。和俄罗斯人说话时要坦诚相见，不能在背后议论其他人，更不能说他们小气。重视文化教育，喜欢艺术品和艺术欣赏，所以谈论艺术是个很受欢迎的话题。进教堂时，女性应戴头巾。

俄罗斯人非常崇拜盐和马，认为盐具有驱邪避灾的力量，马则会给人们带来好运。打碎镜子和打翻盐罐，都被认为是非常不吉利的预兆。主张“左主凶，右主吉”，所以他们不允许以左手接触他人或递送物品。

“面包和盐”是俄罗斯人待客的最高礼仪和最隆重的仪式，一般只用于最高贵的朋友和客人，而不是用于任何场合。用“面包和盐”迎接宾客时，他们双手托着盘子，上面铺一块漂亮的绣花巾或白麻布，正中间端端正正地放着面包，一个装盐的小盐罐。然后把盘子递给贵宾，表示盛情欢迎和尊敬。接受“面包和盐”的宾客，通常要先吻一下面包，然后掰下一小块，在盐里稍稍蘸一下，再象征性地当作世上最珍贵的食品来品尝。这时候还要对主人的盛情表示最衷心的感谢。

俄罗斯人的时间观念很强，总习惯准时赴约，而对不准时的人则不会有好印象。受邀到俄罗斯家庭拜访时，进门后应自觉脱下外套、手套和帽子，并摘下墨镜。可以送给主人鲜花或烈性酒，送艺术品或图书作为礼品也是受欢迎的。但如果送女主人鲜花，鲜花的数量一般为单数。一般对晚餐要求较简单，对早、午餐较重视，用餐时间都习惯拖得很长。参加宴请时，最礼貌的方式是对其菜肴加以称赞，并且尽量多吃一些。将手放在喉部是“已经吃饱”的表示。

大洋洲地区

澳大利亚礼俗

据《语文世界（高中版）》的介绍。一位中国人随澳大利亚人去海里捞捕鱼虾，每次网拉上来后，那位澳大利亚人总要一番挑拣，将剩下的大部分虾蟹扔回大海。中国人很不解这种行为，澳大利亚人解释说，只有符合国家法规规定尺寸的鱼虾才可以捕捞。”中国人问：“远在公海，谁也不管你啊？”澳大利亚人淡淡一笑：“在澳大利亚，不是什么都非得要别人来提醒、来督促。”

澳大利亚信仰基督教者约超过 50%。印度教、犹太教、伊斯兰教和佛教等也都在这个国家并存。

澳大利亚人非常注重公共场所的仪表，男士大多数不留胡须，出席正式场合时西装革履，女士穿西服上衣和西服裙。而土著居民平时习惯赤身裸体，至多在腰上围上一块遮羞布。但却佩戴多种饰物，如额箍、鼻针、鼻环、项圈等。有时候土著居民还会在身上涂上各种颜色，并且扎上一些羽毛作装饰。在达尔文市，人们通常习惯穿衬衫、短裤和长袜搭配成套，当地人称为“达尔文装”。达尔文人都很注意自己的衣着，即使到酒吧喝酒，也会穿“达尔文装”。

澳大利亚人非常注意社会公德和自律，为人谦恭随和、开朗热情，礼貌用语不绝于耳，即使不相识的人对面走过，也要点点头，打个招呼。见面时习惯握手问好，握手时且非常热烈，彼此称呼名字，表示亲热。关系亲密的男士相见时，可亲热地拍拍对方的后背，男士相处时，一般感情不过于外露，不习惯紧紧拥抱或握住双肩之类的动作。女士密友相逢时，通常行亲吻礼。土著居民见面的礼节是行勾手礼，即见面时和对方的中指相互紧紧勾住，然后往自己身上轻轻一拉。土著人还有一种“嚼骨”告别的礼俗，每当亲朋好友之间彼此告别，要在嘴里放一根骨头，并用牙齿使劲地咬嚼，发出“咯咯”的声音，以此表达互相珍重、盼望重逢的情谊。

澳大利亚有邀请友人一同外出游玩的习惯，认为这是密切双边关系的捷径之一，如果拒绝邀请会被认为不给面子。每周日上午必到教堂做礼拜，因此，这个时间向他们发出邀约是非常不明智的。

澳大利亚人崇尚人道主义和博爱精神。在社会生活中乐于保护弱者。除了保护老人、妇女、孩子、弱小种族之外，甚至将保护动物看作自己的天职。不喜欢把本国和英国处处联系在一起，反感将两国混为一谈。认为笼统的“外国”或“外国人”这一称呼认为是失敬的做法。另外，对于自谦的客套话也会让他们反感。

对公共场合的噪声极其厌恶。在公共场所大声喧哗者，尤其是门外高声喊人的人是最让他们看不起的。对人眨眼，特别是对女士眨眼被认为是非常不礼貌的行为。

澳大利亚人时间观念强，赴约迟到或太早到都认为很失礼。喜欢和陌生人交谈，即使在酒吧也总会有人过来主动和你聊天，互相介绍后或在一起喝杯酒后，陌生人就成为朋友。喜欢请他人到自己家中做客，如果应邀去家里做客，可以给男主人带瓶葡萄酒，给女主人带一束鲜花作为礼物。澳大利亚人特别重视事后还礼，如到他人家去做客，事后一定会打个电话或写封信表示感谢。

新西兰礼俗

青年学者邹华应邀去新西兰做短期访问，新方专门安排邹华去拜访土著居民毛利人。当身穿民族服饰的毛利人伸过脸要和他行碰鼻礼时，他不由自主地后退，一连三次之后，邹华变得手足无措，陪同人员和毛利人也尴尬不已。

新西兰居民中的 91% 信奉基督教。

新西兰人见面和告别都行握手礼，习惯的握手方式是紧紧握手，目光直接接触。鞠躬也是他们的通用礼节。

新西兰毛利人仍保留传统迎宾习俗，即举行隆重的“挑战”仪式。仪式开始时列队面向客人，一名“挑战者”身着毛利礼服，面画脸谱，头插羽毛，手挥长矛，边喊边跳，瞪眼吐舌地走到客人面前，观察来访者的面部，辨别来访者是善意还是恶意。然后，接近主要来访者，从腰间取出一根小棍或树枝放在地上，如果主要来访者将其捡起来，则认为是朋友，否则就是他们的敌人。这种试探完毕后，站在旁边腰围草裙、手持花束的毛利妇女就会高唱毛利歌曲，以示欢迎。毛利人欢迎客人最高礼节是行碰鼻礼，即主人要和客人彼此用鼻子对鼻子地轻轻互碰。碰鼻次数越多，时间越长，则说明礼遇越高。（如图 6–4 所示）

新西兰人时间观念强，约会事先商定，准时赴约。客人可提前

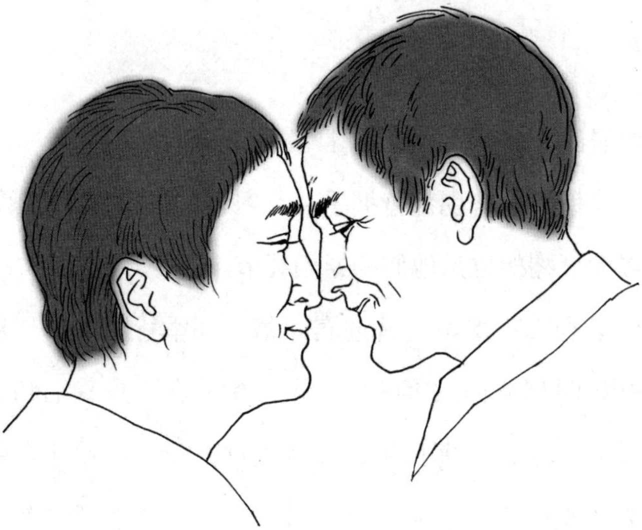

图 6-4　新西兰碰鼻礼

几分钟到达，以示对主人的尊敬。应邀到新西兰人家里做客，可送男主人一盒巧克力或一瓶威士忌，送女主人一束鲜花。

新西兰人说话很轻；街上遇见朋友，老远就挥手。新西兰人吃饭时不喜欢谈话，有话一般要等到饭后再谈。不喜欢用V手势表示胜利，当众嚼口香糖或用牙签被视为不文明。反对干涉他人的自由，对于交往对象的政治立场、宗教信仰、职务级别等，一律主张不闻不问。对谈论国内种族问题，以及将新西兰视为澳大利亚的一部分等问题，则会让他们十分反感。

新西兰人追求平等正义，各行各业的人都会对自己的职业引以为荣，彼此之间不分三六九等。所以反感把人划分为等级，反对讲身份、摆架子，对于和自己身份相同的人，在称呼姓氏时应冠以“先生”“夫人”或“小姐”；但熟人间可以亲切地直呼其名，称呼官衔则往往会令人侧目。只要找个小小的理由，几乎谁都可以见到总理。至于要见部长、市长，则随时可以相约。

新西兰人大都喜欢进行户外运动，最喜爱的运动项目是赛马和橄榄球，并且常常以此作为交谈的话题。男女之间的交往较为拘谨保守，男女同场活动往往遭到禁止。即便是看电影，男女也要分专场，男士不准观看女士专场，女士也不准看男士专场。聚会厅是毛利人祭祀祖先、送葬死者，以及喜庆节日举行集会的神圣场所，平时外人不能进入。毛利人信奉原始宗教，相信灵魂不灭，对拍照、摄像等行为十分忌讳。

喝酒在新西兰受到严格限制。在特许售酒的餐馆里，只准出售葡萄酒。极少数准许售烈性酒的餐馆里，顾客只有在购买了一份正餐以后，才能买到一杯烈性酒。

新西兰的欧洲移民除爱吃瘦肉外，还爱喝浓茶，特别是红茶，并养成“一日六饮”的习惯，即每天喝早茶、早餐茶、午餐茶、下午茶、晚餐茶和晚茶。

非洲地区

阿尔及利亚礼俗

阿尔及利亚的陆地面积在非洲最大，人口在非洲最多。居民中穆斯林约占 99%。伊斯兰教对阿尔及利亚人的生活风俗影响很大。

妇女一般不戴面纱，喜欢穿传统的罩袍，男人大多头缠白色方巾。在公共场所，男女不可过于亲热，连牵着手也不行。女人不可去电影院。

阿尔及利亚穆斯林每天的中午、下午、黄昏和夜晚面向麦加方向祷告五次。此外，星期五这一天都要到清真寺进行一次集体礼拜。每年伊斯兰教历的九月都要过斋月。

阿尔及利亚人非常注重礼节和礼貌。他们见面时，通常要用右手按住胸口，互相问候，并口中念道：“愿真主保佑您！”显得彬彬有礼。无论是见面还是分别时，一般都行握手礼。和他们握手时如果握得有气无力，被认为是“礼貌不周”。他们认为用力的程度跟友好的程度是成正比的。

阿尔及利亚的阿拉伯人不喝酒，也不吸烟。饮食禁忌和所有伊斯兰教徒一样。爱吃中国的四川菜。烤全羊则是他们的名贵菜肴。

在阿尔及利亚，如客人来访，主人总要热情款待。他们通常先要请客人喝咖啡、喝茶。当客人进屋坐下时，主人的第一句话便是：喝咖啡还是喝茶？而且在未喝咖啡或茶之前，客人照例是不能告辞的。如果客人喝完咖啡后不去摇摇杯子表示不要了，那么主人接着就倒第二杯。不过在许多地方，喝茶一般是非正式的，客人喝完茶以后，喝杯咖啡后才可以告辞。他们对喝茶也比较讲究，通常喜欢喝加奶、糖的红茶。

利比亚礼俗

利比亚属于世界上 15 个面积较大的国家之一，绝大多数居民信奉伊斯兰教。利比亚是非洲石油储量最大的国家。

利比亚男子的传统衣着为头戴红帽，白帽，上身内穿衬衣，外罩宽大的长袍，下穿又大又肥的长裤。天冷时，上身加一件棉布背心。利比亚女子上穿衬衣，外罩四周镶有彩色花边，前身从肩部到下摆动处有一条或两条彩色绣花的罩衣，下穿宽大的长裙。

在当地的阿拉伯人看来，男子手拉手并行是一种友好的表示。他们认为交谈时双手交叉或抱住胳膊，是一种傲慢的姿态。

利比亚人与客人相见时，一般行握手礼。有时也会将右手举到额前，然后行鞠躬礼说：“我的主，我的心，愿你万事平安。”

到利比亚人家做客，主人如果亲吻客人的双颊，客人也应回敬亲吻主人的脸。和其他阿拉伯国家的习俗一样，送给女士的礼品要通过其父或丈夫转交，不可以当面赠送。

利比亚的阿拉伯人款待宾朋的佳肴是一道现宰的生羊肝。客人到来后，现宰肥羊一只，用小刀将生羊肝切成片，整齐地码在盘里，上面撒些香料。主人待客时先盘坐在毯上，客人依次围成一圈，再用水壶替客人依次冲手，然后开始进餐。

利比亚人忌讳红色，喜好绿色和蓝色。忌讳狗，认为狗会带来瘟疫和灾祸。禁止妇女穿超短裙和男子留长发。

埃塞俄比亚礼俗

埃塞俄比亚约 57% 的人信仰基督教，信仰伊斯兰教的约占 31.4%。

埃塞俄比亚人喜欢鲜艳明亮的颜色，禁忌黑色和宗教象征图案。淡黄色服装是悼念死者时所穿，出门做客绝对不能穿。

埃塞俄比亚人相互问候，在许多情况下都要鞠躬行礼。问候致意颇有特色，可以长达一二分钟，甚至更长。他们询问彼此的健康，家庭成员、家畜、收成情况等。问候之后才开始谈及实质性的问题，一般坏的消息放在最后谈。

同辈人见面时，一般握手问候，直到问候结束时才把手放开。久别或亲朋好友，则互吻面颊，并频频互致问候，双方的脸互相左右轻触，次数无规定，越亲密者次数越多。上层人士或神甫见面只能互吻肩部。一般老百姓见了官员或下级见了上级，则鞠躬表示敬意。在接受礼物时，受礼者应伸出双手表示高兴接受，若只伸出一只手，则表示勉强接受。

埃塞俄比亚人认为向他人伸舌头，是对其表示轻蔑和侮辱。

埃塞俄比亚人习惯食用一种叫“提夫”的谷物。他们在口味上以嗜辣而闻名。埃塞俄比亚人还爱吃刚宰杀的新鲜牛肉。招待客人时，女主人喜欢首先用牛肉一片一片往客人嘴里喂，一直到满意为止，认为这样才算真诚待客。他们用餐时，通常不用桌子，而是一家人围着一个用芦苇编成的大篓子就餐。

和埃塞俄比亚人因公洽谈时，既不要涉及政治方面的话题，也不要谈论伊斯兰教，同时应尽量少谈未来，否则会使、他们感到急躁，不耐烦。他们的妇女一般不在公开场合露面，在商务谈判中，客人的口气应尽量委婉。

埃及礼俗

埃及地跨非、亚两洲。伊斯兰教是国教。

埃及人正直、爽朗、宽容、好客。他们往往以幽默的心情来应付严酷的现实生活。

晚餐在日落以后和家人一起共享，所以在这段时间内，有约会是失礼的。埃及伊斯兰教徒有个绝不可少的习惯：一天之内祈祷数次。

埃及人通常以“耶素”(就是不发酵的平圆形埃及面包)为主食，进餐时与“富尔”(煮豆)、“克布奈”(白乳酪)、“摩酪赫亚”(汤类)一并食用。喜食羊肉、鸡、鸭、鸡蛋以及豌豆、洋葱、南瓜、茄子、胡萝卜、土豆等。在口味上，一般要求清淡、甜、香、不油腻。烤全羊是他们的佳肴。

他们习惯用自制的甜点来招待客人，客人如果谢绝，会让主人失望也失敬于人。

埃及人在正式用餐时，忌讳交谈，否则会被认为是对神的亵渎行为。遵守伊斯兰教教规，忌讳喝酒，喜欢喝红茶。有饭后洗手、饮茶聊天的习惯。饮食禁忌严格遵守伊斯兰教规。

男士不要主动和妇女攀谈；不要夸人身材苗条；不要称道埃及人家里的东西，否则会认为你在向他索要；不要和埃及人谈论宗教纠纷、中东政局及男女关系。

在埃及，到了下午 3 点至 5 点之后，人们大都忌讳针。商人绝不卖针，人们也不买针。

在埃及，进伊斯兰教清真寺务必脱鞋。埃及人爱绿色、红色、橙色，忌蓝色和黄色，认为蓝色是恶魔，黄色是不幸的象征。喜欢金字塔形莲花图案。禁穿有星星图案的衣服，有星星图案的包装纸也不受欢迎。3、5、7、9 是人们喜爱的数字，忌讳 13，认为它是消极的。吃饭时用右手抓食，不能用左手。无论送给他人礼物，还是接受他人礼物要用双手或右手。

尼日利亚礼俗

尼日利亚是全世界人口最多的黑人国家，占非洲黑人的五分之一。近半数人信奉伊斯兰教，约 34.5% 的尼日利亚人信奉基督教。

尼日利亚人对发型很讲究，特别是女性。往往未婚、已婚、老年妇女和寡妇，都有不同的发型发饰。

一般情况下，男士的正规穿着是长袖衬衣加瘦腿裤，外穿白布缝制的宽大袍子，头戴一顶白色的无沿圆帽。女士服装则由几块色彩艳丽的花布组成。未婚少女则用两块花布就组成一身裙装，一块裹在下身当裙子，一块裹在上身当上衣。已婚女士则用三块花布，一块裹在下身当裙子，一块裹在上身当上衣，还有一块披在身上。在正式的商务交往中，则通常会要求穿西装皮鞋，至少也要穿长袖衬衫，并且一定要戴领带。

尼日利亚人的国家意识很强，很高兴人们称他们为“尼日利亚人”。见面时总是互相握手，而且握手的方式与众不同。握手前要在对方右手上轻轻弹扣几下以示敬意，然后才握手问候。如果是初次见面，握手时须先用自己的左手握住右手，然后才用右手和对方握手，否则会被认为不懂礼貌。

尼日利亚的豪萨人十分讲究礼节，相见时总是互致问候，寒暄过程中双方右手是始终紧紧相握的。豪萨人的晚辈见长辈时行屈膝礼，双膝先微微弯曲一下，然后身体前躬一下。而伊博族人则把“柯拉果”作为招待客人的佳果。客人来访，主人献上这种果子则表示真心实意地欢迎，否则即是拒客之意。平民见酋长时行跪拜礼，必须先脱鞋走近酋长，然后跪下致礼问安；在酋长没有下命令的情况下是不能随便站起来的。

尼日利亚人不愿谈政治，特别是有关非洲的政治问题，也忌讳他人当面宣扬无神论。尼日利亚被称为非洲各国黑人的指导者，对有种族歧视的南非具有强烈的憎恶感，不喜欢谈论有关南非的事情，甚至去过南非的人都不能直接再入境尼日利亚。

食指被尼日利亚人视为不祥之物，不能用食指指人；左手是肮脏的，因此用左手持物是一种挑衅行为。在尼日利亚，捻响拇指与食指表示感兴趣；用手指从耳朵上朝后快速刮过表示“妙不可言”；伸出拇指同时挥动手臂表示尊重；耸肩表示否定；伸出舌头在嘴唇四周舔上一圈表示嘲笑或蔑视；拍腿跺脚表示追悔莫及；伸出五指张开的手来并令其面向他们表示侮辱。而盯视他人表示反感，握拳挥手则表示诅咒、谩骂。

尼日利亚人大都不喝酒、不吸烟，爱吃水果的也不多。用餐时一家人往往还要一分为三，即男士、女士、孩子各自坐在一起，互不相干。即使来了客人，也是和自己拜访的人坐在一起用餐。请客时，往往不喜欢刻意进行准备，家里有什么就会请客人吃什么。已婚女士大都忌食鸡蛋，认为吃鸡蛋会影响生育。其中信奉伊斯兰教的尼日利亚人忌讳和所有伊斯兰教徒一样。而菲蒂族的人则爱马如命，绝对不会吃马肉。

南非礼俗

南非的白人、大多数有色人和 60%的黑人信奉基督教；亚洲人种约 60%信奉印度教，20%信奉伊斯兰教。

在南非，平时无论黑人白人，日常的穿着都十分随便，夏季是棉质 T 恤、衬衫、牛仔裤等休闲服饰，不少白人男士更是穿西式短裤。南非黑人也穿这类服装，但无论男女老少，均偏爱鲜艳的色彩，尤其是爱穿花衬衫。南非人冬季一般是毛衣、夹克、长衣长裤。另外，南非黑人通常还有穿本民族服装的习惯。不同部族的黑人，在着装上往往会有自己不同的特色。祖鲁已婚女士常穿麻质连衣裙，并将头发竖立固定，再用彩色链珠串装饰。在一些部族，已婚妇女佩戴的首饰通常要比未婚少女佩戴的首饰少得多，以示自己对丈夫的忠贞。但在正式场合也都很注意衣着，讲究端庄、严谨，男士西装鞋履，女士盛装出行。

社交场合南非人用握手礼，称呼主要是“先生”“小姐”或“夫人”。尽管南非黑人的姓名已经西化，但还是喜欢在具体的称呼上保留自己的传统，即在称呼对方的姓氏之后，加上相应的辈分，如称“乔治爷爷”“海伦大婶”等来表明双方关系的亲密。

在黑人部族中，尤其是广大农村，南非黑人习惯以鸵鸟毛或孔雀毛赠予贵宾，客人此刻得体的做法是将这些珍贵的羽毛插在自己的帽子上或头发上。

南非人为人处世非常大胆而直爽。交谈时过分地委婉或者兜圈子，是不受欢迎的。黑人非常敬仰自己的祖先，认为祖先不仅有消灾灭祸的本领，而且还拥有惩罚子孙的力量，所以特别忌讳外人对自己的祖先言行失敬。在交谈中，非议黑人的古老习惯、为白人评功摆好、对方生了男孩表示祝贺等话题，都被认为是禁忌的。

在许多黑人部族里，妇女的地位比较低下。被视为神圣宝地的一些地方，诸如火堆、牲口棚等处，是绝对禁止妇女接近的。

南非最著名饮料，是被称为“南非国饮”的如宝茶。如宝茶和钻石、黄金一道，被称为“南非三宝”。南非白人以吃西餐为主，黑人的主食是玉米、薯类、豆类。和其他很多国家的黑人有所不同的是，南非的黑人不喜欢生食，而是爱吃熟食。在南非黑人家中做客时，主人都要送上刚刚挤出来的新鲜牛奶或羊奶请客人品尝。有时，他们则会献上以高粱自制而成的、风味独特的啤酒。遇到这种情况，无论自己渴不渴，爱不爱喝，都一定要大大方方地多喝一些，并且最好一饮而尽。

亚洲地区

日本礼俗

一家美国公司为一个很重要的日本客户团体举办招待会，细心的公司经理还特意给客人们准备了一些小礼物。宴会开始后，这位经理按照美国人的习惯，要求对方当场打开座位旁边的礼品盒。但他万万没想到，当客人们很勉强地拆开面前的盒子后，脸上却微微露出不悦的表情。原来，这位经理挑选的礼物是小巧别致的瑞士军刀。而在日本，送刀子暗示着自杀。

无论正式场合还是非正式场合，日本人都非常注重形象，讲究衣着打扮。在商务交往、政务活动及涉外场合，男士往往穿成套的深色西服；女士穿西式套裙，普通的民间交往中也穿和服，穿和服出门时常打一把伞。到日本人家里做客时，进门前要脱下大衣、风衣、鞋子。但未经主人允许，不能脱下除大衣、风衣之外的衣服。在日本，窥视厨房是不礼貌的行为。

鞠躬礼是日本的传统礼节。在日本，家里、社交场合、工作场所，无论是对亲人，还是熟人、同事，每天第一次见面总是行鞠躬礼。一般在说“早上好”“晚上好”时行 15 度鞠躬礼；说“欢迎光临”或表示感谢时行 45 度鞠躬礼；初次见面或对对方表示十分敬意时行 90 度鞠躬礼。行鞠躬礼时，手中不能拿东西，不能戴帽子。

日本人等级观念很重，上、下级之间，长辈、晚辈之间界限分得很清。凡是对长者、上司、客人都用敬语说话，以示尊敬。最常用的敬语有“拜托您了”“请多多关照”“打扰您了”等。打招呼时称呼对方的姓。“先生”一词只限于称呼教师、医生、年长者、上级或有特殊贡献的人，对一般人称“先生”会使他们尴尬。

日本人很在意名片的使用。初次见面时，日本人通常要换名片，并讲究交换名片的方法和程序。递送名片时，要用双手托名片，把名字朝向对方。交换名片时，用右手递送上自己的名片，用左手接对方的名片。如在接对方的名片后再去找自己的名片，会被认为失礼。

日本人对坐姿很有讲究。工作场所坐椅子，但在家里仍保持着坐“榻榻米”的传统习惯。榻榻米的正确坐法叫“正座”，即把双膝并拢跪地，臀部压在脚跟上。轻松的坐法有“盘腿坐”和“横坐”。“盘腿坐”即把脚交叉在前面，臀部着地，这是男士的坐法；“横坐”是双腿稍许横向一侧，身体不压住双脚，这常是女士的坐法。

据《华声报》报道，在日本，每到岁暮年末、圣诞节时，都是送礼的大节。这时候，日本人都要向平时关心照料过自己的人赠送礼品，以表示一年以来的感谢。即使记者的采访，如果不向被采访者赠礼品或者礼券，也会寸步难行。

日本人将送礼看作向对方表示心意的物质体现，没有礼可谓是寸步难行。所送礼品的包装不能草率，哪怕是一盒茶叶也应精心包装，日本礼品包装的精美是世界所公认的。没有经过包装的礼品是“裸物”，这样的礼品送人被认为有失体面。包装上忌讳打蝴蝶结。送礼讲究避偶就奇，通常用1、3、5、7等奇数，但又忌讳其中的“9”。

日本人讲究等级制度也影响到礼品礼仪。如果和一班日本专业人士会面，应根据他们在公司的职位准备不同价值的礼物，职位越高，得到的礼物越好。如果和一班客人会见，要么向全体赠送一份礼物，要么向团体的每一个人送礼；只向团体里的某些人送礼，会被看作是非常失礼的行为。

按照日本习俗，向个人赠礼要在私下进行，不宜当众送出。不要给他们赠送太昂贵礼品，以免误认为你的身份比他高而让他们尴尬。收到礼物不要马上接过礼物，等主人让一两次后再收，并表示感谢后双手接过来。

工作接待不在办公室接待客人，而在会议室、接待室。从来不把工作带到家里，妻子也以不参与丈夫的事业为美德。日本男士没有携带夫人出席宴会的习惯。

日本人主张低姿态待人，不喜欢针锋相对的言行和急躁的风格，把善于控制自己的举止看作一种美德。习惯在他人面前控制自己的个人情感，所以总是笑容满面，不仅高兴时微笑，在处于窘迫发怒时也会发笑，以掩饰自己的真实情感。

日本人在公开场合一般不用“不行”“不同意”等拒绝性词语。即使自己持有明确意见，不管是同意还是反对，也避免“我是这样想的”“我的意见是这样的”等直接的表达方法。而且传统观念认为，盯着对方的眼睛看是一种失礼表现，说话时一般不紧盯着对方，而代之以频繁地随声附和、点头称是，常说“是”“嗯，是吗？”等这类话语，及附有点头俯腰等仪态等。但这并不意味着他是在表达“说得对”“明白了”这类肯定含义，而只是一种回应，类似于“哦”“听到了”等。

交谈中忌讳边说边指手画脚或者插话。另外，除了和“苦”“死”及谐音的一些词语，数词“4”“42”“13”等被忌讳外，在婚礼等喜庆场合还忌说去、归、返、离、破、薄、冷、浅、灭及重复、再次、破损、断绝等不吉和凶兆的语言。商店开业和新店落成时，还忌说烟火、倒闭、崩溃、倾斜、流失、衰败及与火相联系的语言。忌谈他人的生理缺陷，而称残疾人为身体障碍者；称盲人为眼睛不自由者；称聋子为耳朵不自由者。

在日本，“OK”手势表示钱；伸出小指头表示女人，用手抓自己的头皮是愤怒和不满的表示等。忌讳三个人合影，因为三人合影，中间人被夹着，认为这是不幸的预兆。给老人祝寿，选一些有特定意义的年岁。如61岁为“还历”，意思是过了60为1岁，返老还童；70岁为“古稀”；77岁为“喜寿”；88岁为“米寿”，因汉字“米”拆开可变成八十八；99岁为“白寿”，因为“白”字上面加一横为“百”。

传统的日式用餐，要摆上一张矮桌，女士屈膝跪着吃，男士可以盘腿坐着吃。多人进餐时，开始吃饭时先说一句“那就不客气了”或“那我就先吃了”，然后才能拿筷子。吃完饭后还需礼貌地说“我吃好了”或“我吃饱了”。日本人习惯于分餐制，每人一份饭菜，各吃各的，盘子里残留剩菜剩饭被认为失礼。

日本人不给他人敬烟，当着他人而自己想吸烟时，通常是在征得对方同意后才可以。以酒待客时，他们认为让客人自己斟酒是失礼的，应由主人或服务人员代斟；斟酒时，斟酒者右手持壶，左手托底，壶嘴不能碰到杯口。接受斟酒时，以右手持杯，左手托杯底。通常接受第一杯酒而不接受第二杯不算失礼。客人如果善饮，杯杯都喝光，主人会高兴并鼓励多喝，但是主人和其他客人并不陪喝。如有人喝好不再喝时，不能马上将酒杯向下扣放，应等大家喝完后一起扣放，否则会被认为失礼。宴会上即使喝得酩酊大醉，也不会认为失礼。

招待客人忌讳将饭盛过满过多，也不能一勺就盛好一碗。如果客人吃一碗饭就够了，会被认为宾主无缘，所以哪怕是象征性的也要再添一次。招呼服务人员时，得把手臂向上伸，手掌朝下，并摆动手指就可以了。

日本人精于茶道。其茶道已不是一般日常意义上的喝茶，不仅要求有优雅自然的环境，而且还有一整套的点茶、泡茶、献茶和喝茶的具体方法，以“和敬清寂”为精神，作为最高礼遇来款待远道而来的尊贵客人。

韩国礼俗

韩国虽然深受中国儒家文化熏陶，但却形成了具有本民族特色的风俗、礼仪。前几年的热播剧《大长今》使人们对韩国的饮食文化和风土人情有了一定了解，以及通过近几年的“韩流”影响，人们发现韩国和中国竟有如此多的不同。

韩国人非常在意自己的形象。男士很在意打扮自己，喜欢美容护肤，讲究衣着整洁庄重，交往场合穿深色的西服套装。女士则穿着西式套裙。在韩国，服装过分透、露、衣着邋遢、衣冠不整都是极为失礼的，并且受人轻视。平时，特别是青少年，喜欢穿各种各样的现代时尚、另类服装。而在传统的节日和婚礼中，偏爱自己的民族服装。

韩国人在称呼他人时多使用尊称和敬语，尤其爱以能反映社会地位的头衔去称呼对方。对有身份的人或客人均称“先生”“夫人”“太太”“小姐”；对社会地位一般的同龄人或比自己小的男士或女士多用“君”或“娘”来称呼。

李姓在韩国是一个大姓，但是不可以把“李”解说成“十八子”，因为“十八子”和韩语中一个淫秽的词近似。当着女士的面更不能这么说，否则会认为是在有意污辱人。

正式社交场合，一般以握手作为见面礼节。握手时讲究用双手或单独用右手。晚辈、下属与长辈、上级握手时，后者伸出手后，前者须先以右手握手，随手再将左手轻置于后者的右手上。但女士一般不和男士行握手礼，而行鞠躬礼或点头致意。韩国男士在有些场合也采用先鞠躬后握手的方式。同有地位或有身份的相见或告别时，往往要多次行礼，甚至讲一句话，行一次礼。

韩国有男尊女卑传统。双方见面总是女士先向男士行鞠躬礼、问候；男女同坐，男士一般位于上座，女士居下座；女士在男士面前高声谈笑会遭人非议。（如图 6–5 所示）

在韩国，“再见”一词主要用于平辈或熟人。对长辈或生人、外宾等都说“您好好走吧”或“您好好在这儿吧”。

韩国人崇尚儒教，尊重长老。长者进屋时大家都要起立。与长辈同坐，保持姿势端正、挺胸，绝不敢懒散。与长辈握手时，要以

图 6-5　韩国女士一般先向男士行鞠躬礼

左手置于其右手上，躬身相握，以示恭敬。和长者谈话时要摘去墨镜。乘车时，要让位给老年人。晚辈、下级走路时遇到长辈或上级，应鞠躬、问候，站在一旁，主动让路。去韩国人家里做客必须要脱鞋，不脱鞋是很无礼的表现。

韩国人民族自尊心非常强，很在意自己在外国人心目中的形象，对事关民族荣辱之事十分敏感，特别是和日本人的交往中更加明显。每天下午五点准时播放国歌，行人需要停止至国歌播完才能赶路；电影院和剧院在演出前要先播放国歌，观众需起立，外国人也不例外。

韩国人强调“身土不二”，反对崇洋媚外，倡导使用国货。一身国外名牌往往被人看不起。鉴于“身土不二”观念和农业保护政策，肉类产品价格很高，使排骨成了高档礼品。向韩国人馈赠礼品时，宜选鲜花、酒类、工艺品，但切忌是日本产的。在韩国人看来，酒是最好的礼品，但不能把酒送给女士，除非声明是送给她丈夫。如果是在结婚典礼等喜庆场合送礼金时，必须把礼金放在白色的礼袋里。接受礼品时他们不习惯当场打开包装。

与中国类似的是，韩国人见面时寒暄的话题中不乏在西方人看来“隐私”话题，如毕业于哪所学校、有没有恋人、结没结婚、父母是做什么等，都是初次见面者的谈资；见到陌生孩子时，抚摸或者拥抱同样是认为亲热的表示。

逢年过节见面忌讳说不吉利的话，更不能生气、吵架，否则会认为这一年都会带来坏运气；农历正月头三天不能倒垃圾、扫地，更不能杀鸡宰猪；忌到他人家里剪指甲，否则两家死后结怨；吃饭时忌戴帽子，否则终身受穷；睡觉时忌枕书，否则读书无成；交谈中忌讳谈论意识形态、南北分裂、韩美关系、韩日关系等。

韩国人很重视交往中的接待，宴请一般在饭店或酒吧举行，夫人很少在场。如果是在韩式饭店，或者韩国人家里，进门前应脱鞋，并且鞋尖要朝外，不能对着房间。泡菜是韩国文化的象征，如果可以吃泡菜，会赢得真心诚意的尊重。

韩国人的餐桌是矮腿小桌式的。用餐时，宾主都应席地盘腿而坐。跪坐时不能把双腿伸直或叉开，否则会被认为是不懂礼貌或侮辱人。一般首先用咖啡、不含酒精的饮料或大麦茶招待客人，有时候还加上适量的糖和淡奶，客人礼貌的做法就是欣然接受。

用餐时不兴交谈，不能随便发出声音。不要把匙和筷子搭放在碗上，不要端着碗吃饭喝汤，也不能用嘴直接去接触桌上的饭碗。韩国人认为端起碗吃饭不规矩，可以用勺子一口一口地吃。在宴会上，主人一般要坚持敬三次菜，对主人的头一两次敬菜，客人得体的方式是推让，第三次再接受才显得得体。喜欢相互斟酒，一般先向长者斟酒。敬酒时，要用右手拿酒瓶，左手托瓶底，然后鞠躬致祝词，最后再倒酒，且要一连三杯。敬酒人要把自己的酒杯举得比客人的低一些，用自己杯子的杯沿去碰对方的杯身，敬完酒后再鞠个躬才能离开。拒喝他人的酒是很不礼貌的，如果确实不胜酒力，可以在杯子里面剩些酒，韩国人认为喝醉酒不是什么丢脸的事情。

吃饭时，如果客人不能把盘中的菜吃完，意味着主人准备不足，会使主人感到尴尬。用餐后要将筷子、勺子都整齐放回到餐桌的最初位置上。韩国人喜欢饭后唱歌，如果被邀请去唱歌，客人不应该拒绝。

柬埔寨礼俗

柬埔寨，佛教为国教。

柬埔寨有一种古老有趣的风俗，用服装色彩表示日期，有“七彩星期”之说：星期一穿嫩黄色，星期二穿紫色，星期三穿绿色，星期四穿灰色或浅蓝色，星期五穿青色，星期六穿黑色，星期天穿红色。

柬埔寨是一个文明古国，又是佛教国家，讲究温、良、恭、谦、让，尊老爱幼，长幼有序。合十礼是柬埔寨传统的见面礼。柬埔寨人见面和分别时有礼貌地以双手合在一起，指尖朝上。合十礼四大规格，如向同辈或同等地位的人，行礼时指尖举到胸前，向长辈行礼，指尖举到鼻尖，向老一辈和父母行礼，指尖举到眉间，向王室或高僧行礼，指尖举到额头，同时需跪式蹲下。

柬埔寨人姓在前，名在后。通常不称呼姓，只称呼名，并在名字前加一个冠词，以示性别、长幼、尊卑之别。如“召”意为孙儿；“阿”意为小孩；“达”意为爷爷；“宁”意为姑娘；“洛克”意为先生等。

在柬埔寨最好不要谈论王室的话题和政治。柬埔寨人很不愿意自己的头被摸，所以不要摸大人或孩子的头。更不可以把脚掌冲着佛祖或他人。

柬埔寨人喜爱用传统的饭菜招待客人。主食是大米，副食以鱼虾、生菜和凉拌菜为主。

柬埔寨人吃饭时席地而坐，用手抓饭，将饭菜包在事先准备好的生菜叶里，蘸上佐料享用。现在许多家庭也使用刀、叉、筷等餐具。吃完饭，客人要赞扬饭菜丰盛，味道好，感谢主人盛情款待。柬埔寨人认为右手干净，进食用右手，递给他人物品要用右手或者双手，尤其是吃的东西。

几个人同住一间卧室，年轻者睡觉的地方不得高于年长者的床铺，脱下的鞋子不能悬挂于他人的头上方。拜访僧侣，要将鞋脱在室外，然后进入屋里。在河里洗澡，男性在上游，女性在下游，而且必须间隔一定的距离。

缅甸礼俗

据《世界新闻报》报道，缅甸的男女权利不太平等。在缅甸，和尚是一等公民，男人是二等公民，女人和尼姑是三等公民，凡事几乎都要以男性为主，对女性的要求却很严格。但参加商务活动的女性地位很高，不可以歧视女性。在商务活动上，如果被介绍者性别不同，则一定要先介绍女士；女士未主动伸手，男士不能表示要和女士握手，更不能主动伸出手。

缅甸是宗教意识很浓的国家，家家供奉有佛像。佛教徒中每个男士到了一定的年龄都必须出家当一次和尚，社会上才承认其成人，还俗以后才能够享有结婚的权力，但女士出家为尼则就不能再还俗了。全国僧侣有十几万人，仅仰光、曼德勒的和尚就有 2 万多人。

和尚在缅甸普遍受人尊敬，一般人绝不能坐高过和尚的座位。在农村，人们见到和尚（特别是法师）时，都要就地跪拜。和尚出门乘坐车船，旁边的人都会自动起身让座。信佛教的善男信女们朝拜佛像时不是烧香，而是奉献鲜花。

进入佛塔或寺庙时，任何人都要脱鞋，就是国家元首也不能例外，否则被视为对佛的最大不敬。缅甸人对佛极度虔诚。平时，即使天气炎热山路崎岖，赤脚拜佛的人仍络绎不绝。

如果对寺庙、佛像、和尚等做出轻率的举动，会被视为“罪恶滔天”。跨坐石佛像上拍照，会惹出麻烦，甚至有可能被课刑。

缅甸女士喜欢穿“纱笼”，“纱笼”一般很薄，配有底裙，有的还系上银带或装饰纽扣。最隆重的盛装是穿着白色蝉翼纱的上衣和红色的纱笼。男士通常戴金项链、金戒指等，头上爱扎素色裹巾，缅甸人称之为“岗包”。无论男女平时很少穿鞋袜，不是光脚就是穿拖鞋或有孔凉鞋。而政府官员只是在接待外宾时才穿鞋袜。女士还爱用金首饰，不少人宁愿节衣缩食也要买一两件首饰佩戴。女士首饰除金耳环、金项链、金戒指、金手镯之外，还有金脚镯。

社交场合一般行合十礼或鞠躬礼。行合十礼时，要先摘掉帽子。当路遇老人、领导、学者时，要施鞠躬礼。碰到僧侣，要双手合十，躬身施礼，直到僧侣通过为止。商务场合，也通行握手礼。在缅甸，男女不可牵着手走路。

和长辈说话，用“是”或“不是”回答，忌讳用点头和摇头来表示。坐在一块谈话，忌露出自己的膝盖和大腿，否则就是对他人不敬。东方是太阳和月亮升起的方向，睡觉时脚绝不能朝东。

缅甸人认为在星期二做事必须做两次才能成功，一般都避开星期二做事。每逢星期五这一天，忌讳乘船渡河。缅甸人送给他人东西时，必须在星期一至星期六进行，星期天禁忌送物，尤其禁忌送衣服、“纱笼”等。忌在“安居期”（从缅历 4 月 15 日至 7 月 15 日）结婚、宴请、迁居、娱乐，僧人在这段时期内也不能外出。

晚辈给长辈送东西，必须用双手，如要给的东西很小，像递一支烟、一杯茶时，则可用单手，但另一只手要搭在送东西那只手的下部。晚辈从长辈面前走过时，要躬身低首轻轻走过，不能跑步，更不能视而不见地走过去。

缅甸人把牛敬若神明，不准鞭打、役使，更不许宰杀。逢年过节，缅甸人还要举行敬牛仪式。

大部分缅甸人进餐时不用筷子，大家围坐在一张矮桌前，每人面前放一碗清水，进餐者在清水中将手指洗净，用方巾擦干，然后用手指抓取食物。入座时，要按男右女左的习俗入座。端饭菜时，不能越过用餐者的头顶往桌子上放。

泰国礼俗

来自新华网 2015 年 4 月 27 日的消息。我国一名女大学生赴东南亚旅游，因衣装暴露被遣返。

据北京出入境边检总站遣返所民警介绍，被遣返的女学生想趁毕业前的空闲去东南亚某国旅行，没想到入关时因衣着暴露，被拒绝入境并遣返。王某自称，她平时穿衣打扮都走性感路线，没想到这次竟因此影响自己的旅行。

据了解，王某要去的是佛教国家，对女性衣着有严格要求，边境检查人员让她穿上得体衣服再入关。王某不认为着装有问题，拒不理会，于是才被拒绝入境并被遣返回国。

泰国 95% 的居民信仰佛教，泰国人都沿用佛教的礼仪。在泰国，每位成年男佛教徒都要出家到寺庙当一段时间的和尚，多则数年，少则 3 个月，最短也要 3 天，才能取得成年人的资格，王族也不例外。

泰国人见面时不握手，而是行合十礼作为见面礼，即双手合十做合掌，双手抬得越高表示对客人越尊重，但双手的高度不能超过双眼。向同辈问好时，合掌后指尖不高过下巴。在对长辈行礼时，须低头让指尖轻触鼻尖。对尊贵的人如德高望重的长辈表示尊敬时，则要把双掌抬高至额头。

泰国人不是按姓氏来称呼对方，如“陈先生”“张女士”，而是称“建国先生”“秀兰女士”。

泰国人一贯讲究“温、良、恭、俭、让”，喜欢面带微笑，交谈时也总是细声低语。与人打交道时，面无表情、愁眉不展，或是高声喧哗、大喊大叫，认为都是失敬于人的。特别尊崇佛祖和国王，佛祖和国王在泰国人心目中是至高无上的，切不可当着泰国人的面对佛祖和国王说轻率的话。

佛教在泰国神圣不可侵犯，如对寺庙，佛像、和尚等做出轻率的举动，就被视为“罪恶滔天”。在泰国，进入泰国人私宅或寺庙，务必脱鞋。进入寺庙时衣着得体端庄，身着任何的短裙、短裤或袒胸露背装，甚至衬衣没塞进裤子、袖管翻卷在胳膊上的人也不准进佛寺的门。到当地人家做客，如果发现室内设有佛坛，得马上脱掉脚上穿的鞋和袜，戴帽子的人也必须立刻摘掉帽子。

在泰国，僧人地位非常崇高。无论是贵族还是平民，遇到僧人必须行礼，而僧人则不必还礼，只是点头微笑致意。即使在洽谈重要的事，如有僧人来访也必须先接待僧人。晴天路遇和尚，如果从僧人面前经过，必须绕开他们的身影。按照佛教的说法，僧人的身影即僧人本人，跨越僧人的身影，等于跨越僧人，这是对僧人不尊重的表现。给僧侣拍照前，应先征得他们的同意，拍照后应有礼貌地表示谢意。遇见托钵化缘的僧人，千万不能送现金，因为这是破坏僧侣戒律的行为。佛教徒购买佛饰时忌说“购买”，只能用“求助”或“尊请”之类的词，否则被视为对佛祖的不敬，会招来灾祸。女士不许和和尚握手，在汽车上不许与和尚邻坐，即使和尚主动前来打招呼也应礼貌地拉开距离。女士如果想将物品奉给和尚，宜托男士转交。如要亲手赠送，和尚就会张开一块黄袍或手巾，承接该女士交来的物品。同样，遇到尼姑，男士也不能触及她们的身体。

在泰国男女仍要遵守授受不亲的戒律，公共场所男女不能过分亲热，男女忌行拥抱礼。和泰国人接触，动手拍拍打打和指点对方被视为挑衅。由于左手被视为不洁净，所以交换名片，接受物品，都必须使用右手。在泰国，人死后要用红笔将死者的姓名写在棺材上，所以平时忌用红笔签名或刻字。

泰国人非常重视人的头部，认为头是灵魂所在，是神圣不可侵犯的，所以绝对不能触摸他人的头，即使是触摸小孩的头也不行。不喜欢赞美小孩，他们认为赞美小孩会引起恶鬼的注意。长辈在座，晚辈必须坐在地下，或者蹲跪，以免高于长辈的头部，否则就是对长辈的不敬。坐着的人也忌他人拿着东西从自己头上经过。

泰国人认为脚部是卑贱的，只能用来走路，不能干其他事情。进入泰国人的住宅前要脱鞋，不能踩门槛。用脚尖撞人或指人都会被严厉地呵斥，更不能把脚掌朝向佛像。坐着时，严禁跷起脚和把脚底对着他人，脚不要交叉，把腿曲在身体下面，不要露出脚底。

接受礼品前应先合十向他们表示感谢。除非对方要你打开，否则不要当面打开。

泰国最热闹的节日——水灯节，无论水灯多美丽，都只能看不可以拣起，否则会受到惩罚。“三宝佛节”和守夏节这两个佛教节日期间，都禁止贩售酒精类饮料。

另外，海边喂鱼、捞起海洋生物（抓鱼、捡珊瑚）、海边丢垃圾都是违法行为。而且从 2017 年 11 月起，在海滩区吸烟也违法。

新加坡礼俗

新加坡华人占总人口 76．9%，华裔多信奉佛教。

新加坡人十分讲究礼貌礼节，服务质量很高。新加坡华裔在礼仪方面与我国相似，而且还保留了中国古代传统，如两人见面时，相互作揖。通常的见面礼节是鞠躬、握手。印度血统人仍保持印度的礼节和习俗，妇女额头上点着檀香红点。男人扎白色腰带，见面时合十致意。马来血统、巴基斯坦血统的人按伊斯兰教的礼节行事。

新加坡对嬉皮型留长发的男性管制相当严格，留着长发，穿着牛仔装，脚穿拖鞋的男士可能会被禁止入境。

因公交往中一般穿正装。与新加坡人谈判，不仅要以诚相待，更重要的是考虑给对方面子，不妨多说几句“多多指教”“多多关照”

的谦语。新加坡是一个文明的国家，讲究礼貌已成为他们的行为准则。甚至在交谈中跷二郎腿都会招至反感甚至使合作告吹。

华裔新加坡人信奉佛教，而且很虔诚。喜欢在室内诵经，诵经的时候不喜欢被打扰。

在新加坡，进清真寺要脱鞋。在一些人家里，进屋也要脱鞋。

新加坡人认为紫色、黑色不吉利，忌讳黑、白、黄色。

忌讳说“恭喜发财”之类的话，认为“发财”两个字，会有“横财”的意思。所以祝愿对方“发财”，就等于挑逗、煽动他人损人肥己，是对社会有害的行为。

在新加坡，可能会因很多事情而被处罚，包括喂鸟、随地吐痰、公共场所小便、吸烟、遛宠物、公共交通上吃东西喝饮料、嚼口香糖、扔垃圾、不排队等。

新加坡人接待客人一般是请客人吃午饭或晚饭。和新加坡的印度人或马来人吃饭时，注意不要用左手。到新加坡人家里吃饭，可以带一束鲜花或一盒巧克力作为礼物。谈话时，避免谈论政治和宗教。可以谈谈旅行见闻，你所去过的国家以及新加坡的经济成就。

马来西亚礼俗

据《重庆晚报》报道，重庆某公司驻马来西亚公司将部分工程分包给了当地公司。一次因工程时间较紧，当地公司负责人亲自给分包商打电话开会。奇怪的是打了两天分包商竟然都不接电话。“在国内，下级分包商是随叫随到，怎么马来西亚的分包商这么牛呀？”周一的时候分包商风风火火地来了。原来，周末是他们的“家庭日”，是属于家庭生活的宝贵时光，他们无论如何也不愿意牺牲这样的宝贵时间。

马来西亚的国教是伊斯兰教，其他宗教还有佛教、印度教、基督教。

马来西亚人非常注重衣冠整洁，普遍穿蜡染花布做的长袖上衣，称为“国服”。男士经常穿颜色鲜艳，质地凉爽的无领长袖上衣，下身围一大块布，叫作“纱笼”，头上还经常戴一顶无檐小帽。女士穿无领长袖连衣裙，叫作“克巴亚”，头上经常围一头巾。在正式的社交场合，马来人也穿西式服装和套裙。在公共场合无论男女都不能露出胳膊和腿部。因为天气炎热的原因，只要不是十分隆重的正式场合，一般都可以穿着拖鞋出席各种场合，即使皮鞋也经常是没有后沿。

在一般情况下，马来西亚人总是儿子以父名为姓，父亲则又用祖父的名字为姓。所以，一家人几代人的姓氏会各不相同。对平辈称呼时，在男士名字前要加“兄”，在女士名字前要加“姐”，而自己一律称“儿”。

马来西亚人见面时，一般会向对方轻轻点头，以示问候。在社交场合，男士之间互相握手为礼。而男女之间很少直接相互握手，男女士之间的见面礼节一般为点头致意或稍微弯腰致意。相互熟识的人一般会微笑着伸出手掌，轻轻摸一下对方伸过来的双手，随后将自己的双手收回，在脸上从上到下轻轻抹一遍，同时身体前弯呈鞠躬状，并说“真主保佑！”或“一路平安”。被问候者须回以“愿你也一样好”。也有一些人相互见面后，举起右手放在胸前，弯腰鞠躬致意。

马来西亚的华人、印度人与外人见面时，则大多以握手作为见面礼节。

马来西亚人的头部、背部是被视为神圣不可侵犯的，不得触摸或者拍打。除了阿訇，他人不能随便触摸背部，认为这样会带来灾难。忌讳乌龟，认为是一种不祥的动物；且认为狗是一种会给人带来厄运的瘟疫，并令人生厌的肮脏动物。

在马来西亚，公共场所不准男女身体接触，即使夫妻或情侣在大庭广众之下勾肩搭背、挽臂而行，或是拥抱亲吻，也在禁止之列。谈话时把双手贴在臀部是失礼的行为。与他人打招呼应伸出自己的手，掌心向下，然后频频摆动除大拇指外的所有手指，不能用一个手指做这种动作。用拳头打另一只半握着的手则会被认为是下流的表示。马来西亚不禁止一夫多妻，所以不要随便闲谈他人的家务事。对长者不能直呼“你”，而要称“先生”“夫人”或“女士”。

马来西人的家庭观念很重，一到周末就是他们的“家庭日”，都要在家陪伴家人，根本不谈工作上的事。所以周末邀约谈公事，不一定受欢迎。

应邀去马来西亚人的家里做客，应按同主人事先约定的时间准时到达。进屋前先脱鞋，将两只鞋整齐地放在楼梯口或房门边，如果戴了太阳眼镜要摘下。进屋向主人家的成员一一问候，特别要注意首先问候主人的父母亲和其他长辈。在主人的要求之下，可以席地坐，男士客人盘腿坐，女士客人屈膝侧伸坐。

马来西亚人不要求客人送礼，如果向主人赠送一些日常食用品如椰子、槟榔、香蕉、糖果等，表示友好情谊，主人会高兴地收下。主人送上来的饮料、水果、糕点等，客人一定要多少品尝一些，否则会被误认为拒绝主人的善待之情，引发主人的不快。

去马来西亚人家里做客，如果不在主人家里吃饭，会被认为是对主人的不尊敬，会引起反感，甚至会被视为不受欢迎的人。

重视饭前洗手，一般用水冲洗，不愿用湿毛巾干擦。

马来西亚人大部分都信仰伊斯兰教，会宾宴客以茶或其他饮料代酒。除在正规的宴请中以刀、叉、匙进餐外，平时习惯右手抓食。饭桌上一般放有两杯清水，一杯用来喝，另一杯用来清洁手指。所以用餐前及用餐后洗手是马来西亚人餐桌上的礼节，即使事先把手洗干净了，在用手取食物前，仍要出于礼貌，把手放在水碗中蘸湿。不要用左手去触碰食物。在取食时，不要把公用勺碰到自己的盘子。应等主人邀请时再开始进食，不要自己先动手。

菲律宾礼俗

菲律宾是亚洲仅有的以基督教为主的国家，约 90% 的人是基督教徒。

菲律宾人的时间观念不太强，但如被邀请时，客人最好准时赴约。许多菲律宾人的家庭，有进门脱鞋的习惯，客人要注意主人的举动，主人脱鞋，客人也要跟着脱鞋，这样才会被认为是注重礼节的人。拜访菲律宾朋友，可以适度地送些礼物，如工艺品、酒类、糖果、水果等都可以。收受或者赠送礼物不要当众打开，否则客人会有被当众羞辱的感觉。

菲律宾人在社交场合和客人相见一般行握手礼。菲律宾伊斯兰教徒见面时，要双手紧握，表示亲如兄弟。在日常生活中，家中的晚辈早晚都要对长辈行吻手礼。打招呼时用抬眉头以示问候。

重要的客人临门，主人要行吻手礼表示欢迎；同客人谈话，多用恭敬的话语。家庭成员需要从客人面前经过时，总是弯着腰，两手垂下，嘴里说“打扰您啦，我可以过去吗？”待客人答话后，才慢慢走过去，并不忘说一声“谢谢您”。

菲律宾人待客实在，对来访者会先送上饮料和水果招待。很多菲律宾人有咀嚼槟榔的习惯，因而也会送上槟榔请客人咀嚼。交谈中，主人会诚恳地询问客人，有什么困难或需要帮助的事情，在客人讲明后，主人会尽力帮助。菲律宾人家庭观念很强，赞美家庭生活的乐趣，是他们最欢迎的话题。无论何时何地，他们总显得愉快乐观，如果面无表情或一声不发，会被他们认为不怀好意，或是不愿意跟他们打交道。见面时要先向年长者问候、让座，一般情况下不能在老人面前抽烟。无论客人是带着什么目的登门拜访的，主人都会很有礼节地接待，临近开饭时间还要再三挽留客人吃饭。

邀请菲律宾人赴宴，务必要多次邀请，不然就会被理解为纯属客气，从而遭到婉言谢绝。出席菲律宾人举行的宴请时，在主人第一次敬酒或为自己上菜时，同样也要谦让一下，当主人第二次这样做时才能接受。不要抢在主人之前落座，当主人以手示意自己该在何处就座时，才可以从命。许多菲律宾人习惯叉和手并用，只有在上流社会才用刀叉进餐；在广大乡村，不少人依旧习惯于用右手抓食食物。

稍为正式一点的宴请，请帖上都会注明“必须穿着无尾礼服等正装”。如果没有无尾礼服，也可以穿上当地的正装——香蕉纤维织成的“巴隆塔卡乐库”衬衣，这种衣服任何宴请都适用。

在菲律宾，站立时双臂交叉于身前，或是长时间和他人对视都是失礼的。前者意味着发脾气，后者则会被理解成是蓄意挑衅。

印度尼西亚礼俗

印度尼西亚（以下简称印尼）素有“千岛之国”之称，89%的居民信奉伊斯兰教，其余信奉基督教、天主教、印度教、佛教等。

印尼人衣着上总体比较保守。男士在办公时通常穿长裤、白衬衫并打领带。因公访问最好穿西服，打领带，穿长裤。女士在办公室穿裙子和有袖的短外套，并避免色彩过于鲜艳。

在社交场合与客人见面时，一般习惯以握手为礼，与熟人或朋友相遇，传统礼节是用右手按住胸口互相问好。

因公共交往中，印尼人特别注重送名片。初次相识，客人就应把自己的名片送给主人，否则将会受到主人长时间的冷遇。在商务往来中，拜访时带上礼物，收下礼物即意味着承担了某种责任。对他人送的礼品要欣然接受，但不要当面打开包装。印尼商人喜欢宴请，作为客人，在回国前应以同标准回请他人一次。

在印尼，坐下来时两腿不能交叉，如果非要这样做，要把一条腿的膝盖放在另一条腿的膝盖上。在巴厘岛，坐下时两腿要平放在地板上。如果把脚尖或鞋底对着他人是对他人的侮辱。印尼人不喜欢当面打呵欠，如果难以控制，要用右手将嘴捂上。和他人说话时，将手放在臀部是不礼貌的。印尼人不在街道上或走路时吃东西，认为这是不礼貌的。绝对不可以摸小孩的头。和他人谈话或进他人家中都要摘下太阳镜。

参观庙宇或清真寺，不能穿短裤、无袖服、背心或裸露的衣服。进入任何神圣的地方，一定要脱鞋。在巴厘岛，进入寺庙必须在腰间束腰带。

印尼人在饮食习惯上以大米为主食，副食品主要有鱼、虾、牛肉等，但不爱吃海参。伊斯兰教徒忌食猪肉，也不吃带骨、带汁的菜肴及鱼肚等。印尼人习惯吃西餐。除在官方场合有时使用刀叉外，一般都习惯用右手抓饭。用餐时有边吃边喝凉开水的习惯，也爱喝葡萄酒、矿泉水等，一般不喝烈性酒。被主人邀请到家里吃饭，客人在开饭或喝酒之前要等候主人的邀请，吃饭时不要多说话，用餐完毕后要在盘子里留点食物。

印尼人大多数信奉伊斯兰教，忌讳用左手传递东西或食物。忌讳老鼠和乌龟。与印尼人交谈应避开政治、宗教等话题。在印尼，裸体太阳浴是非法的。忌讳夜间吹口哨，认为它会招来游荡的幽灵和挨打。

尼泊尔礼俗

尼泊尔人大多信奉印度教和佛教。

尼泊尔最常见的礼节是合十礼。施此礼时，双手齐胸合掌，同时口说“纳摩斯德”问好。

晚辈见长辈要施“吻足礼”（跪下来吻长辈的脚，长辈在晚辈的头上拍一下以示还礼）。山区人们初次见面伸出舌头向对方致礼，以示真心欢迎。而“摸头礼”是国王对下属、臣民的礼节，如果能得到国王的抚摸，将是终生荣幸。

现在握手礼在尼泊尔也开始使用。

进入印度教寺庙前必须先获得同意。皮裘类物品禁止带入寺庙，照相（无论是照人或照物品）之前应经同意。进入寺庙、住所前脱鞋。

尼泊尔人向客人、朋友或长辈递送物品用双手；双手不便时，用左手指尖抵住右臂。

习惯用摇头表示同意，点头表示不同意。

交往中有赠送礼物的习惯。和朋友见面，喜欢送一顶尼泊尔小帽，以示尊敬；告别时，习惯把一种手工精制的鞋送给上路的朋友，以祝愿朋友前程似锦。

尼泊尔人习惯一天两餐，晚餐为正餐。通常吃西餐，也喜欢中餐。用餐时习惯刀叉或筷子，以及用手抓饭。不爱吃海参等怪形食物。不用自己用过的刀、叉、勺子或用手去触摸他人的食物或餐具。

尊黄牛为“神牛”“国兽”，但凡伤害者都要受到罚款或法律制裁。视乌鸦为吉祥之鸟，视杜鹃花为幸福之花，视水牛、公羊、公鸡为邪恶的象征。忌讳他人触摸孩子的头。禁忌用脚碰尼泊尔人的物品。

越南礼俗

越南是以越人（京族）为主的多民族的国家。宗教众多，其中佛教和基督教影响最大。

越南人很讲究礼节，遇人总要热情打招呼并互致问候，起码也要点头示礼。

越南人在社交场合和客人相见习惯抱拳作揖，当然也行握手礼。不习惯拥抱和吻礼。信仰佛教者相见行合十礼。主客说话时先称呼对方，尤其对长辈更应如此，否则被认为没礼貌。

只要宾客临门，越南人总要拿出最好的酒和美味佳肴招待客人，客人吃得越多，主人就越高兴。临别时，往往还要送家乡特产给客人。

做客时用水、用烟或用饭前要先向主人说“不客气了”或“您先请”等，以示礼貌。越南各族人常用他们最喜欢的酒和生冷酸辣食物待客，客人不应拒绝。

“鱼露”是越南人喜欢的一种佐餐调料。其主要分生、熟两种，虽然在我们闻起来有怪味。进餐时忌把筷子直立饭中。一般不饮烈性酒，喜欢喝中国茶和咖啡。越南瑶族人忌食狗肉，占婆族人忌食猪肉和牛肉。

视红色为吉祥、喜庆之色。偏爱桃花，认为是吉祥之花，并称其为国花。

禁忌随意摸他人头部，包括小孩。忌讳别人拍他肩膀。忌讳用脚指物，认为把脚掌对向他人是污辱动作。当村寨路口悬挂有绿色树枝时，外人不得进入。

印度礼俗

据《环球时报》2017 年 9 月 12 日的报道。澳大利亚一则包括印度教象神在内的“众神”吃羊肉的创意广告，引发大批印度教教徒不满。

印度驻澳大利亚外交机构已经发出外交抗议，照会澳大利亚三个政府部门，并称这则广告“冒犯人”“对宗教麻木”。在印度教的教义中，象神是素食主义者，并不吃肉。因此，该广告遭到了全世界印度教教徒的抗议，他们威胁说，如果不道歉，将发起全球抵制澳大利亚肉类加工业的运动。

印度是世界上受宗教影响最深的国家之一，宗教在这个国家及其绝大部分人的生活中扮演中心和决定性的角色。80.5% 的居民信奉印度教，13.4% 信奉伊斯兰教。

首饰是印度人日常生活中不可缺少的装饰品，女士出门若不戴首饰，会被认为是没有礼貌的表现。所以即使是家境清贫的女人，也要佩戴一些不值钱的金属或塑料首饰。妇女喜欢在前额中间点吉祥痣，其颜色不同，形状各异，在不同情况下表示不同意思，但都是喜庆、吉祥的象征。正统的锡克教徒不剪发，头上缠着头巾。

有的印度人见到外国人时，能用标准的英语问候“你好”，有的则用传统的佛教手势——合十礼。合十礼手的位置高低和对对方的尊重程度成正比。向长者施礼，双手至少要和前额相平；对平辈，双手一般位于胸口和下颌之间；对于晚辈（长辈对晚辈的还礼）双手的位置较低，一般齐于胸口就可以。但如果碰到一只手中拿着物品，就行举手礼，即举起右手，指尖向上，掌心向内，向对方致意，并同时问候对方“您好”。行合十礼不能同时点头。对印度女士行礼时只能用合十礼。在印度大部分地区，拥抱和握手仍会遭到异性反对，除非对方主动如此。

与中国人习惯差异的是，印度人在赞成或同意对方意见时的动作是既不是点头，也不是摇头，而是左右晃头。

对长辈，或者是对某人表示恳求的时候，一般行摸脚礼，即用右手摸对方的脚部，然后再用右手回摸一下自己的前额，以示用自己的头接触了对方的脚部。妻子送丈夫出远门，最高的礼节是摸脚和行吻脚礼。但要注意的是，公共场所不可以太过亲热。印度有些地区根据“公共猥亵罪”条例，当众接吻甚至会坐牢。

印度人迎送贵宾，主人会献上花环，套在客人脖颈。给贵宾花环一般很大，长过膝；给一般客人花环仅及前胸。有的会送上一束玫瑰花，有的在贵宾身上撒些各种各样的花瓣。女士很少在公共场所露面。男士不能触碰女士，即使在公共场合也不能和女士单独说话。

印度穆斯林女士一般不见男客，但邀请印度人参加社交活动时，也应邀请他们的妻子。

印度人等级观念根深蒂固，很重视身份，不同等级的人不能平起平坐。

虔诚的印度教徒每天清晨冲完凉后要先做祷告，然后才开始工作。教徒们常在河水（特别是“圣河”恒河）中沐浴，认为入河沐浴可以洗刷过错。

印度各地大小寺庙和殿塔比比皆是，每天香客络绎不绝。参观宗教的圣物、庙宇时要穿深色服装，并脱鞋，但允许穿袜子。进门时要跨过门槛，不能踩门槛。绝不可穿戴牛皮制造的东西进庙，否则被视为犯了禁戒，包括皮鞋、皮表带、皮带、手提包等牛皮制品。进入锡克庙时，头上必须罩一块洁净的布，如手绢等，然后脱鞋才能进入。

牛被印度教教徒视为“圣兽”，神圣不可侵犯。印度教徒不准吃牛肉，喝牛奶则是允许的，特别是水牛奶，印度人格外喜欢。印度僧侣每年还要举行一次“波高”仪式，表示对牛的尊敬。还有许多“圣牛养老院”，将那些年迈体弱的老牛收养起来，一直到老死。

印度人认为吹口哨是冒犯的举动，以及没有教养的表现。认为把孩子放在浴盆里洗澡是不人道的，因为不流动的水为死水，孩子浴后会遭灾、夭折的；抚摸小孩的头部也是被忌讳的。除上洗手间外均不使用左手，伸左手就是对他人的侮辱。

印度人喜欢用香蕉叶当盛食物的盘子。不爱喝汤，爱喝冰凉的白开水和热奶茶，喝的方式是“舔饮”，即把水或奶茶盛在盘子中，用舌头舔着喝。不吃菇类、笋类及木耳。身份等级越高，吃荤越少。

伊斯兰教徒不吃大肉，不喝任何含酒精的饮料，逢斋月时，在日出到日落禁止一切饮食。锡克教徒不吸烟，不吃牛肉。吃饭时，只准用右手递接、抓取食物，而左小臂一般沿桌边贴放，手垂放于桌面以下或藏在隐蔽的地方。如果和印度同桌吃饭，吃得太快或太慢都不好，最好尽量保持和对方相同的速度把菜吃完。甜点和茶一定要饭后再端上餐桌，否则是对客人非常不礼貌的行为。

巴基斯坦礼俗

巴基斯坦是穆斯林世界中伊斯兰教最盛行的国家之一，97% 以上公民是穆斯林。

巴基斯坦男子一年四季大都穿宽松的长衫、长裤，夏天也不穿背心短裤，更不会打赤膊，但会穿凉鞋甚至赤脚。天冷通常会披一条毯子御寒，不喜欢穿棉衣或毛衣。

妇女除手、脚之外，身体的其他部位不得暴露在外。出门还须以面纱遮盖面容，仅露双眼。外人绝不能动女性的面纱。在巴基斯坦妇女是不允许穿裙子的。

公共场所不穿背心、短衫或短裤。去巴基斯坦人家里做客，男性要长衫、长裤，即使天气再热也最好穿西服，打领带。

对巴基斯坦人要称呼姓，并加上头衔。

公开场合男士不能主动和女士握手。女士通过微笑、鞠躬、问好表示欢迎。

久别重逢的男性朋友行拥抱礼：头靠左边拥抱一次，再靠右边拥抱一次，再靠左边一次，如此三遍；随后双方手拉手问好。久别相逢的挚友、贵宾或亲人，还给对方戴花环。而女性间拥抱礼是先拥抱，稍停后吻客人两颊和额头，然后再拥抱再吻，如此三遍。

和巴基斯坦人交往时，忌拍打对方肩背，这在巴基斯坦是警察拘捕犯人的动作。巴基斯坦人摇头表示赞赏、肯定；点头表示否定。严忌男女当众拥抱或接吻。

商务邀请一般只请男士而不请夫人，商业聚会也是清一色的男性。商务活动最好能讲一口流利的英语。否则就会被认为没有受过良好教育，而受轻视。

按巴基斯坦习俗，外国人必须亲自拜访当面洽谈，谈判才会更顺利。喜欢讨价还价，办事节奏较慢，商务交往中应有耐心。双方任何约定、商谈成果，必须写成书面字据。

宴请巴基斯坦人，只邀请男主人很正常。即使邀请夫妇，常常也只是男主人出席。到巴基斯坦朋友家里做客，男主人出面接待客人，妇女不在男客前露面。

用餐时喜欢用右手抓取食物，正规宴请则使用刀叉。伊斯兰教规严禁饮酒，即使外国人在公共场所饮酒也要受罚。

巴基斯坦人认为黑色象征着消极，“13”和“420”代表灾难与厄运。赠送礼品时禁忌选择酒、猪皮或猪鬃制品等；手帕也不能作为礼品。

沙特阿拉伯礼俗

前几年，沙特曾发生过40多名中国人聚众赌博而被警长拘捕，最后在外交部出面交涉、被罚以重金才了事。赌博是《古兰经》里明文禁止的行为，而聚众赌博在阿拉伯国家更是错上加错。

沙特阿拉伯被穆斯林教徒誉为伊斯兰教发源圣地。

沙特男士不得留长发。男士传统服装是长垂及地的、无领长袖的大袍。平时长袍以白色为主，参加丧葬活动时穿黑色的。只有国王才能穿土黄色长袍，象征神圣和尊贵，普通人不能穿黑白两色的长袍。穿长袍时，男士还要在头上自右而左缠一条长约1米的薄纱头巾。

按照伊斯兰教教规，女士全身均需被长袍和面纱遮盖起来。所以，沙特女士通常会身穿一件黑色长袍，将自己的周身包裹得严严实实。头上所戴的黑色面纱有三角形、正方形、五角形等多种形状，但是必须严密地遮盖住面容，仅允许双眼露在外面。即使外国女士在沙特，穿着过分随便或暴露身体的服装也是不被允许的。（如图6–6所示）

由于天气过分炎热，沙特人大都习惯穿拖鞋，有人甚至还赤脚，

图 6-6 沙特女士将自己包裹得严严实实

只有在极为隆重活动才穿皮鞋。沙特的拖鞋也被分为三、六、九等，不同身份的人会穿不同档次的拖鞋。

沙特人姓名，通常有三个部分或四个部分所构成。自前而后依次是：本人名字、父名、祖父名和姓氏。正式场合应称其全名。平时可略去其祖父名，或是将其祖父名与父名一道略去。需要简称时，只称对方的本人名字。如对方有一定社会地位，最好以其姓氏作为简称。

沙特人同他人相见时，一般首先都会互问对方："您好！"随后还会同对方握手，并且接着问候对方："身体好！"有时还会以阿拉伯世界流行的问候语，即"在你面前的，是你的亲人"，后者"在你面前摆着的，是平坦的大道"，诚恳地去问候他人。

假如见到亲朋好友，通常还会将自己的左手放到对方的右肩之上，然后轻吻对方的面颊。这种见面礼节，体现着交往双方的关系非同寻常。

沙特的贝都因人有独特的见面礼——"碰额礼"。与他人相见时，彼此首先要用自己的鼻子去触碰对方的额头，然后再紧紧地拥抱在一起。这种见面礼节仅用于男士之间。

人际交往中，沙特人大都表现得热情友好。但受伊斯兰教教规的限制，沙特女士极少抛头露面，并且不得和异性接触。遇到沙特女士通常不宜主动向其问候或行礼，如果自己是男士，更要注意这一点。和沙特男士打交道时，切勿问候其夫人或恋人，并且注意不要向她们赠送礼品。沙特人普遍“重男轻女”，所以他们不愿与女士打交道。异性之间不能当众过分亲昵。但男士之间手拉着手走在一起却被认为是双方良好关系的体现。

和沙特人见面前需要预约。然而赴约时，沙特人一般要晚到15~30分钟甚至1小时，他们认为这是一种风度。赴约时通常喜欢带上几个未被邀请的人一同前去，认为这么做是给对方面子。与沙特人交谈时，禁忌提及中东政治、宗教问题、女权运动、石油政策，特别是以色列和巴勒斯坦的争端问题。喜欢谈论鹰和马。

沙特没有夜总会，认为娱乐令人堕落。不下国际象棋，认为那是对国王的不敬。但现在也开始设立电影院了。

来自中新网的消息。当地时间2017年12月11日，沙特阿拉伯文化和新闻部发布声明说，自2018年起沙特人可以开办电影院。这是35年来沙特首次解禁电影院。但要求播放的电影要接受审查，不得有违反沙特宗教和传统伦理的内容。

如老盯着看沙特人的某种物品，他们就会当场送给你，拒绝反而会得罪人。认为第一次见面就送礼是行贿。不喜欢被人送旧的东西。忌送酒类、雕塑、公仔、玩具娃娃、猪皮与猪毛制品、女人照、带有猪或熊猫图案的物品。应邀去主人家做客时，不能送酒类礼品，不能单独给女主人送礼，也不能送礼物给已婚女士。同样，交换物品时，用右手或用双手，忌用左手。在沙特庆祝圣诞节、做圣诞树都是禁忌。喝酒、超速行驶、酒后驾车在沙特都是犯罪行为。

在沙特，赌博是被严厉禁止的。未经允许不能给人拍照。拍摄宗教过程的照片，或给女士拍照可能会带来杀身之祸。在公共场合主张“男女授受不亲”，无论是坐车、乘电梯，还是上银行，男女往往都需要各自分开。会见和宴请场合也只有男士。女士不得开车，即使外出也必须由丈夫陪同。不能在公共场合、街上及主人宴会上抽烟，当地更没有抽烟的习惯。做祈祷时忌外人干扰。

无论是进入沙特人家还是进入清真寺，都必须先脱鞋。用鞋底对人、脚踩桌椅板凳，都被认为是对他人的污辱。如被邀请到沙特人家里赴宴，吃得越多就越能表示赞赏主人的款待。如果家中有女士，或者有女宾同来，则将和男士分开进餐。

用餐时，沙特人一般席地而坐，以右手取用食物。有些也会设置用餐专用的桌椅，只不过绝对禁止用脚蹬踩。在沙特人看来，羊眼是最美味的食品。按照伊斯兰教教规，忌食猪肉，忌食自死之物、未诵安拉之名宰杀之物和动物的血液。狗、马、驴、骡、蛇、虾、蟹、鳖、龟、无鳞鱼、贝壳类海鲜以及其他一切食肉的禽兽也被禁食。另外，还不准喝酒和其他一切含有酒精的饮料。每年斋月里，白天不许吃东西，也没有餐馆营业。

以色列礼俗

约 76.1% 的以色列人信仰犹太教，约 16.2% 信仰基督教。

现代以色列人的服装逐渐欧化、多样化，政府、公司职员上班时多穿西服。

依照犹太教教规，犹太人不得剃除自己的胡须和鬓毛，所以以色列大多数男士都是满脸胡须。

讲究分寸、精明稳重、富于自信、崇尚理性、思维活跃是以色列人给人的主要印象。见面通常行握手礼。关系好且双方是男士时，也可行拥抱、贴面礼，拥抱之后，还应接着握手一次。

待客热情，以丰盛饮食款待客人。迎接重要来宾时，以色列人通常要专门为其宰杀羔羊。隆重迎宾礼节是捧出“盐和面包”或“酒和面包”请来宾品尝。当客人执意要走时，主人常送出很远。

安息日是犹太教每周的休息日，从每个星期五的日落时开始，星期六黄昏时结束。安息日人们吃三顿饭，即周五晚餐，周六午餐（早餐午餐合二为一）和安息日结束餐，周五晚餐应是一周中最为丰盛的。安息日所有商店停业，公共汽车也停止运行。守安息日时，犹太人不得从事任何劳动，不得接触金钱、火柴和机器，只能够休息。犹太人安息日同样也不会客。

应邀到以色列居民家中做客时，应带上小礼品，如鲜花和糖果等。

犹太人以面、米等为主食，一般爱吃西餐，有节制地喝些白酒等饮料。吃饼通常不用刀切，只用手掰，唯恐用刀割断了生命线。

信奉犹太教的以色列人在饮食方面有严格的规定，禁食猪肉和其他某些肉类、贝类、无鳞鱼和任何种类的食腐动物的肉，肉制品和奶制品也不能同时食用。用餐时不能大声谈笑。

作为一神教的犹太教也反对偶像崇拜，所以在犹太人及所居住区域不允许外人拍照、录像。耶路撒冷的犹太人圣地——西墙（哭墙）禁止拍照。

小提示大道理

彬彬有礼是高贵的品格中最美丽的花朵。

出国在外，了解他国基本礼俗，知礼、守礼是基本的公民素养要求。

第七课

出国锦囊

THE
SEVENTH LESSON

他山之石

来自《广州日报》2016年2月19日的报道。近日，一则关于中国籍留学生因手机里有色情图片，被加拿大边境服务局（CBSA）遣返的消息引发关注，最终该消息得到了中国驻加拿大使馆证实。并且，这不仅仅是个案，还有多名国人同样因微信表情包涉黄而被原地遣返。

不仅是微信群，就连微信表情包，加拿大海关都会仔细检查。2015年12月，一名去加拿大滑雪的中国人就因此被直接送回中国。

我们在出国做准备工作时，也要注意是否有所去国家的违禁物品，不仅要查看实物，还应查看自己的手机，避免不必要的麻烦。

走出国门，开阔视野，学习各国文化，首先应了解相应的国际礼仪和所去地区的风俗文化，这是第一步。此外，我们还有不少出国前的准备工作要做。

提前做好准备

鉴于语言或文化背景等原因，出国在外不一定会像国内这么便利。要准备的很多，为避免准备不足，最好提前列一个清单，照单办理。

出国证件

护照、签证，身份证、机票，这是必须准备好、妥善随身放好的。

对于签证来说，每个国家情况不一样，根据自己的情况申请相应的签证。不管是机构代办，还是自己亲自去办，都应提前了解清楚需要准备的材料，以便最快、最有效地办好，避免耽误行程。需要面签时，注意仪表端庄，整洁大方，讲普通话或相应语言。签证官大部分时间也是在看材料，根据提供的材料问些问题：为什么来签证国，去哪儿玩，去多久，行程怎么安排，你做什么的，月收入多少，公司做什么的，会不会外语（外语水平视你自己的情况实话实说），公司地址是什么，等等。其实就是判断是否诚实，有无撒谎，只要坦诚的说实话就行，这就要求你所提供的材料必须得是真实的，你才能说话前后一致。另外，尽量友善地面对签证官效果会更好。一般签证要等 3~10 个工作日才能拿到。个别国家需要 20~30 天，所以应尽早申请。现在给予中国公民免签证国家越来越多，出境更容易。

还有签证保险，可以提前咨询看是否需要办理。根据申根国家的规定，从 2004 年 6 月 1 日起，所有向申根国家对申请去该区域旅行的中国公民提出了强制性的保险要求，办理签证时必须提供等值于 3 万欧元保额以上的、含有全球紧急援助功能的意外伤害保险保单和复印件。作为签发申根签证的基本前提，所有申请人都必须办理旅游医疗保险。在入境申根国前所有申请人必须购买并出示医疗保险，否则被禁止入境。如需办理，应提前办好，以便预留时间申请签证。

夫妻一同出行的，还应带上结婚证。

出国需要开车的，驾驶证必带。

了解天气和提示

出国前应了解所去地区的天气情况，以便准备适当的衣物。更要看看外交部对该地区有无相关提示或警告。不做巨婴式游客。

2017年底的印度尼西亚巴厘岛火山喷发，9月、10月，中国外交部和印度尼西亚使领馆多次发出警告：巴厘岛阿贡火山两周内可能喷发，请中国游客务必注意安全。尽管中国外交部多次发布提醒公告，但仍然有不少中国游客选择前往巴厘岛，以致最终被滞留在当地。事发后虽然我国救援飞机第一个出现在现场并接回中国游客，但毕竟滞留期间受到了惊吓。

所以，我们去相应地区，应留意外交部的提示、警告，不管是自然灾害，疾病、战乱或社会动乱。如果无视，很容易给自己的出行带来不必要的麻烦甚至危险，而且还会给他人、给国家添乱。

在衣物方面，除了考虑冷暖、紫外线的问题，还要注意当地风俗的问题。比如，去佛教国家、伊斯兰教信仰地区避免穿得太过清凉，而是应严实些，而且衣服的颜色上还应避免艳丽。

干燥的地区，应带好补水护肤及化妆品；紫外线强的地区，还应带防紫外线的化妆品。

其他物品

既应有行李箱，又应准备日常用的包。毕竟不管是因公因私出国，不可能拉着行李箱到处走。

带好必备的药品。差旅、留学出行中携带必备药品，是聪明的选择。谁能保证自己旅行途中不生一点病呢？一旦身体不适，身边的小药就能救大急，应该在行囊中带好必备的药：感冒药、乘车宁、息斯敏、牛黄清火丸、防蚊虫药，止泻药、创可贴等。心脏病人别忘带硝酸甘油和速效救心丸。

应急食物。主要是方便携带且符合他国规定的食物。像新鲜水果，液体饮料还是别带，很多国家不一定允许这些入关。如饼干、火腿肠、巧克力，甚至方便面、咸菜、酱等，都可以适当带一点。当实在吃不下外国的食物时，可以在酒店房间里救急。

务必提前准备好一些纸钞零钱，作为小费使用。

电压转换器，是必备的。国外大部分国家电压都不是咱们的220V，带此神器解决一切电压不同的问题。

电水壶。国外酒店基本不提供开水，如习惯喝开水最好自带一个小电水壶。

手机、充电器，钥匙，钱包、信用卡。出国需要准备现金，但支付时最好用非现金方式，这样更安全，带信用卡是最好的了，只是要看看自己的信用卡在所去的地区是否可用，不要想当然。

目的地的手机卡。如手机号的服务商无法支持目的地的国际通讯，到了目的地要办一张短期手机卡。应随时让家人知道自己的号码，并保持畅通。

除带上相应衣物外，最好在装衣服的包里备上针线包，以备急用。

最好不用宾馆旅店的洗漱用品。自己准备毛巾、牙膏、牙刷、护肤品、化妆品、防晒霜（防晒折叠伞）、梳子、拖鞋、太阳镜、洗发水、浴液、洗衣液、剃须刀、干净的食品封口袋（雨天可以临时放电子产品、证件等，防湿）。

充电宝应在随身的包里携带，因为不允许放到行李箱里托运。还要提前核查好行李重量，避免超重而另付费。

其他，如纸巾、湿手纸、雨伞等。

了解此次行程

这次是去哪里，从哪个机场何时起飞到哪个机场何时降落。如是廉价机票，那么还要注意仔细看看具体条款，不要一切想当然。跟随旅行团出国时，与旅行社带队或接机的人何时何地见面，联系人及电话、旅行社电话等。

了解国外时差

出国前了解时差还是非常有必要的。这样好调整自己的作息时间，也方便在合适的时间与国内外的友人联系。

条件允许的情况下，在国内提前几天按照目的地国家的时间，调整自己的作息，培养出规律性，这样出国后，就不用担心倒时差的问题了。

时间是以 24 小时为单位，+10 算法为：北京现在时间加 10 后得出来的就是当地时间，–10 算法为：北京现在时间减 10 后得出来的就是当地时间。要算美国纽约时间，如北京时间是 20：00，那就是拿 20–13=7，也就是说，中国的 20 点就是美国纽约的早上 7 点。

美洲国家

国家名	所属地区	与中国时差
美国	安克雷奇 Anchorage	–17
	亚特兰大 Atlanta	–13
	巴尔的摩 Baltimore	–13
	波士顿 Boston	–13
	芝加哥 Chicag	–14
	达拉斯 Dallas	–14
	丹佛 Denver	–15
	底特律 Detroit	–13
	休斯敦 Houston	–14
	拉斯维加斯 Las Vegas	–16
	洛杉矶 Los Angeles	–16
	迈阿密 Miami	–13
	新奥尔良 New Orleans	–14
	纽约 New York	–13
	费城 Philadelphia	–13
	匹兹堡 Pittsburgh	–13
	圣路易斯 saint Louis	–14
	盐湖城 Salt Lake City	–15
	圣迭戈 San Diego	–16
	旧金山（圣弗兰西斯科）San Francisco	–16
	西雅图 Seattle	–16
	华盛顿 Washington, D.c.	–13
	火奴鲁鲁（檀香山）Honolulu	–18
巴拉圭	亚松森 Asuncion	–12

续表

国家名	所属地区	与中国时差
巴西	贝伦 Belem	–11
	巴西利亚 Brasilia	–11
	里约热内卢 Ria de janeiro	–11
哥伦比亚	波哥大 Bogota	–13
阿根廷	布宜诺斯艾利斯 Buenos Aires	–11
委内瑞拉	加拉加斯 Caracas	–12
加拿大	丘吉尔港 Churchill	–14
	埃德蒙顿 Edmonton	–15
	蒙特利尔 Montreal	–13
	渥太华 Ottawa	–13
	魁北克 Quebec	–13
	多伦多 Toronto	–13
	温哥华 Vancouver	–16
	温尼伯 Winnipeg	–14
巴拿马	科隆 Colon	–13
	巴拿马城 Panama	–13
古巴	哈瓦那 Havana	–13
牙买加	金斯敦 Kingston	–13
玻利维亚	拉巴斯 La Paz	–12
秘鲁	利马 Lima	–13
墨西哥	墨西哥城 Mexico City	–14
乌拉圭	蒙得维的亚 Montevideo	–11
苏里南	帕拉马里博 Paramaribo	–11
特立尼达和多巴哥	西班牙港 Port–of–Spain	–12
波多黎各	圣胡安 San Juan	–12
智利	圣地亚哥 Santiago	–12

亚洲国家

国家名	所属地区	与中国时差
伊朗	阿巴丹 Abadan	–4.5
	德黑兰 Tehran	–4.5
阿联酋	阿布扎比 Abu Dhabi	–4
也门	亚丁 Aden	–5
约旦	安曼 Amman	–6
土耳其	安卡拉 Ankara	–6
伊拉克	巴格达 Baghdad	–5
阿塞拜疆	巴库 Baku	–6
文莱	斯里巴加湾港 Bandar Seri Begawan	0
泰国	曼谷 Bangkok	–1
黎巴嫩	贝鲁特 Beirut	–6
印度	孟买 Bombay	–2:5
	加尔各答 Calcutt	–2.5
	新德里 New Delhi	–2.5
斯里兰卡	科伦坡 Colombo	–2.5
叙利亚	大马士革 Damascus	–6
孟加拉	达卡 Dhaka	–2
印度尼西亚	雅加达 Djakart	–1
越南	河内 Hanoi	–1
尼泊尔	加德满都 Katmandu	–2.5
马来西亚	吉隆坡 Kuala Lumpur	0
巴基斯坦	伊斯兰堡 Islamabad	–3
	卡拉奇 Karachi	–3
	拉瓦尔品第 Rawalpindi	–3
以色列	耶路撒冷 Jerusalem	–6

续表

国家名	所属地区	与中国时差
科威特	科威特 Kuwait	–5
日本	大阪 Osaka	+1
	京都 Kyoto	+1
	长崎 Nagasaki	+1
	东京 Tokyo	+1
	横滨 Yokohama	+1
菲律宾	马尼拉 Manila	0
沙特	麦加 Mecca	–5
柬埔寨	金边 Phnom Penh	–1
朝鲜	平壤 Pyongyang	+1
缅甸	仰光 Rangoon	–1.5
韩国	首尔 Seoul	+1
新加坡	新加坡 Singapore	0
蒙古	乌兰巴托 Ulan Bator	0
中国	澳门 Macao	0
	香港 Hong Kong	0
	台北 Taibei	0

欧洲国家

国家名	所属地区	与中国时差
英国	阿伯丁 Aberdeen	–8
	贝尔法斯特 Belfast	–8
	伯明翰 Birmingham	–8
	爱丁堡 Edinburgh	–8
	格拉斯哥 Glasgow	–8
	利兹 Leeds	–8

续表

国家名	所属地区	与中国时差
英国	物浦 Liverpool	–8
	伦敦 London	–8
	直布罗陀 [英国殖民地] Gibraltar	–7
	曼彻斯特 Manchester	–8
荷兰	阿姆斯特丹 Amsterdam	–7
	特丹 Rotterdam	–7
比利时	安特卫普 Antwerp	–7
	布鲁塞尔 Brussels	–7
罗马尼亚	布加勒斯特 Bucharest	–6
	康斯坦萨 Constantsa	–6
希腊	雅典 Athens	–6
南斯拉夫	贝尔格莱德 Belgrade	–7
德国	柏林 Berlin	–7
	波恩 Bonn	–7
	法兰克福 Frankfurt	–7
	汉堡 Hamburg	–7
	莱比锡 Leipzig	–7
	慕尼黑 Munich	–7
丹麦	哥本哈根 Copenhagen	–7
爱尔兰	都柏林 Dublin	–8
波兰	但斯克 Gdansk	–7
	华沙 Warsaw	–7
瑞士	日内瓦 Geneva	–7
	苏黎世 Zurich	–7
意大利	热那亚 Genoa	–7
	米兰 Milan	–7

续表

国家名	所属地区	与中国时差
意大利	威尼斯 Venice	–7
	罗马 Rome	–7
芬兰	赫尔辛基 Helsinki	–6
土耳其	伊斯坦布尔 Istanbul	–6
乌克兰	基辅 Kiev	–5
	德萨 Odessa	–5
葡萄牙	里斯本 Lisbon	–8
西班牙	马德里 Madrid	–7
俄罗斯	莫斯科 Moscow	–5
	摩尔曼斯克 Murmansk	–5
	圣彼得堡 St. Peterburg	–5
	尼古拉耶夫斯克（庙街）Nikolayevsk-on–Amure	+1
	鄂木斯克 Omsk	–3
	符拉迪沃斯托克（海参崴）Vladivostok	+2
	伊尔库茨克 Irkutsk	0
挪威	奥斯陆 Oslo	–7
法国	巴黎 Paris	–7
	马塞 Marseilles	–7
捷克	布拉格 Prague	–7
冰岛	雷克雅未克 Reykjavik	–8
保加利亚	索非亚 Sofia	–6
瑞典	斯德哥尔摩 Stockholm	–7
阿尔巴尼亚	地拉那 Tirana	–7
梵蒂冈	梵蒂冈 Vatican	–7
奥地利	维也纳 Vienna	–7
匈牙利	布达佩斯 Budapest	–7

大洋洲国家

国家名	所属地区	与中国时差
关岛	阿加尼亚 Agana	+2
西萨摩亚	阿皮亚 Apia	–19
新西兰	奥克兰 Auckland	+4
	惠灵顿 Wellington	+4
澳大利亚	布里斯班 Brisbane	+2
	堪培拉 Canberra	+2
	弗里曼特尔 Fremantle	0
	霍巴特 Hobart	+2
	墨尔本 Melburne	+2
	佩思 Perth	0
	悉尼 Sydney	+2
法属新喀里多尼亚	努美阿 Noumea	+3
法属波利尼西亚	帕皮提 Papeete	–18
巴布亚新几内亚	莫尔兹比港 Port Moresby	+2
斐济	苏瓦 Suva	+4
瓦努阿图	维拉港 vila	+3

非洲国家

国家名	所属地区	与中国时差
科特迪瓦	阿比让 Abidjan	–8
埃塞俄比亚	亚的斯亚贝巴 Addis Ababa	–5
埃及	亚历山大 Alexandria	–6
	开罗 Cairo	–6
阿尔及利亚	阿尔及尔 Algiers	–7
马里	巴马科 Bamako	–8

续表

国家名	所属地区	与中国时差
利比亚	班加西 Banghazi	–6
	的黎波里 Tripoli	–6
莫桑比克	贝拉 Beira	–6
	马普托 Maputo	–6
刚果	布拉柴维尔 Brazzaville	–7
南非	开普敦 Cape Town	–6
	德班 Durban	–6
	约翰内斯堡 Johannesburg	–6
	比勒陀利亚 Pretoria	–6
塞内加尔	达喀尔 Dakar	–8
摩洛哥	达尔贝达（卡萨布兰卡）Dar el Beida	–8
	拉巴特 Rabat	–8
坦桑尼亚	达累斯萨拉姆 Dar es Salaam	–5
吉布提	吉布提 Djibouti	–5
喀麦隆	杜阿拉 Douala	–7
博茨瓦纳	哈博罗内 Gaborone	–6
乌干达	坎帕拉 Kampala	–5
尼日利亚	卡诺 Kano	–7
	拉各斯 Lagos	–7
苏丹	喀土穆 Khartoum	–6
民主刚果	金沙萨 Kinshasa	–7
	黑角 Pointe–Noire	–7
加那利群岛	拉斯帕耳马斯 Las Palmas	–8
安哥拉	罗安达 Luanda	–7
赞比亚	卢萨卡 Lusaka	–6
索马里	摩加迪沙 Mogadishu	–5

续表

国家名	所属地区	与中国时差
肯尼亚	蒙巴萨 Mombasa	–5
	内罗毕 Nairobi	–5
利比里亚	蒙罗维亚 Monrovia	–8
乍得	恩贾梅纳 Ndjamena	–7
尼日尔	尼亚美 Niamey	–8
毛里塔尼亚	努瓦克肖特 Nouakchott	–8
毛里求斯	路易港 Port Louis	–4
圣多美和普林西比	圣多美 Sao Tome	–8
马达加斯加	塔那那利佛 Tananarive	–5
突尼斯	突尼斯 Tunis	–7
纳米比亚	温得和克 Windhoek	–6

了解外币兑换

国家外汇管理局、海关总署从2014年9月1日起调整了携带外币现钞出入境管理政策，个人出入境携带外币现钞标准从原先的2000美元提高至5000美元。

另外，海关部门在通关检查时将只对居民和非居民个人携带的外币现钞进行查验，而对其携带的汇票、旅行支票等外币支付凭证和债券、股票等外币有价证券，海关不再查验。

中国银行可以兑换外币的币种最多。兑换外币需要带身份证办理，每个身份证最多办理5万美元，或和5万美元等值的其他外币，兑换超过 5 万美元，需要特别申请。对于流通性不高的币种需要提前预约。工商银行、建设银行、农业银行、招商银行、交通银行也可以办理，只是兑换的币种不如中国银行的多。

一般出行前一两周兑换外币较为合适，从长期来看人民币处于升值通道，为所换外币的汇率涨跌趋势不同，以减少损失。

兑换外币现金仔细检查。兑换时最好仔细看清每一张外币，小心有残缺，图画，红印迹等，以免在境外使用带来不便。

旅游购物以刷卡为主，现金主要用来支出交通、小吃、小费，所以没必要换太多外币。如兑换过多没用完，回国后再兑换回人民币，买进卖出容易产生经济损失。

携带大于 5000 美元的等值外币出境，需向银行申请《外币携带证》之后才可携带出国；携带大于 10000 美元的等值外币出境，需向外汇管理局申请之后方可携带出国。

如果要去旅游的地区使用结算的币种在国内各大银行不能直接兑换成当地币种，只需在国内银行中先将人民币兑换成美元，再在当地兑换成当地币种。如当地能接受人民币结算就更方便了，省去了汇率差额和手续费用。

在国外最好使用自己名下的信用卡，并在背后签好字。在多数情况下，比起信用卡密码，店家更认可本人签名。

随身携带的如果只是没有透支功能的借记卡，卡中最好存储人民币，以免外出游玩时扫兴。而且借记卡里即使存储外币，但卡内的外币在境外不能进行任何消费。

我的后盾：中国驻外大使馆

《新安晚报》2015年4月7日的报道。中国海军临沂舰6日搭载着83名中外公民安全撤离也门。至此，613名中国公民在中国政府的组织和协助下已全部得到妥善安排。

北京时间2015年4月6日18时10分，临沂舰驶离也门荷台达港前往吉布提。此前，中国驻也门大使馆组织最后一批在也门中国公民共24人，驱车5个多小时从也门首都萨那赶到荷台达港。中国驻也门大使馆留守组全体人员共14人，一同乘舰撤离。

这是自2015年3月29日以来，中国政府组织的第4次撤离也门行动。中国驻也门大使田琦说，3月29日和30日，571名中国公民安全、有序撤离也门后，也门安全局势进一步恶化，留在也门的中国公民纷纷请求使馆协助其尽快撤离。为保护中国公民的人身安全，中国政府决定派遣海军临沂舰再次前往荷台达执行撤侨任务，这充分体现了中国政府“以人为本，外交为民”的理念。

同年4月底，尼泊尔地震发生后，在外交部和民航局等部门协调下，上千名滞留乘客搭乘民航客机回国。同胞说：“外国人只能等，咱们国家去救援了，很感动。”“当飞机飞过来时，大家全都站起来鼓掌，感觉拿着中国护照特别自豪。”

国是我的国，家是我的家。身在国外，无论何时何地国家都是我们强大的后盾。当到达一个地方，应先了解我国大使馆所在位置并留存大使馆的电话。

以下我国驻各国大使馆的信息，摘自中国外交部官方网站，截至 2017 年 12 月 31 日。

驻北美洲大使馆

驻安提瓜和巴布达大使馆

电话：001-268-4621125

传真：001-268-4626425

电邮：chinaemb_ag@mfa.gov.cn

驻巴拿马大使馆

电话：00507-2654058/61/62

传真：00507-2703185

电邮：chinaemb_pa@mfa.gov.cn

驻哥斯达黎加大使馆

总机：00506-22914811

传真：00506-22914820

电邮：chinaemb_cr@mfa.gov.cn

驻美利坚合众国大使馆

电话：001-202-4952266

传真：001-202-3282582

电邮：chinaembassy-us@fmprc.gov.cn

驻牙买加大使馆

电话：001-876-9273871

传真：001-876-9276920

电邮：chinaemb_jm@mfa.gov.cn

驻巴巴多斯大使馆

电话：001-246-4356890

传真：001-246-4358300/4356607

电邮：chinaemb_bb@mfa.gov.cn

驻多米尼克国大使馆

电话：001-767-4493557

传真：001-767-4400088

电邮：chinaemb_dm@mfa.gov.cn

emb.dmnk@gmail.com

驻古巴共和国大使馆

电话：0053-7-8333005

传真：0053-7-8333092

电邮：chinaemb_cu@mfa.gov.cn

驻墨西哥合众国大使馆

电话：0052-55-56160609/54073017（手机）

传真：0052-55-56160460

电邮：chinaemb_mx_admin@mfa.gov.cn

驻巴哈马国大使馆

电话：001-242-393-1415

传真：001-242-393-0733

电邮：chinaemb_bs@mfa.gov.cn

驻格林纳达大使馆

电话：001-473-4141228

传真：001-473-4396231

电邮：chinaemb_gd@mfa.gov.cn

驻加拿大大使馆

电话：001-613-7893434/7910511

传真：001-613-7891911/7891414

电邮：chinaemb_ca@mfa.gov.cn

驻特立尼达和多巴哥共和国大使馆

电话：001-868-6229258（办公室）

传真：001-868-6227613（政治处）

电邮：chinaemb_tt@mfa.gov.cn（政治处）

驻南美洲大使馆

驻阿根廷共和国大使馆

电话：005411–45478100

手机：0054911–53205561/53263467

传真：005411–45451141

电邮：embchinaargentina@hotmail.com

驻多民族玻利维亚国大使馆

电话：00591–2–2793851/2792902

传真：00591–2–2797577

电邮：emb–china@kolla.net

驻巴西联邦共和国大使馆

电话：0055–61–21958200

传真：0055–61–33463299

电邮：chinaemb_br@mfa.gov.cn

驻智利共和国大使馆

电话：0056–222339880/998985955（手机）

传真：0056–222341129

电邮：embajadachina@entelchile.net

驻哥伦比亚共和国大使馆

电话：0057–1–6223213/6223202

传真：0057-1-6223114

电邮：chinaemb_co@mfa.gov.cn

驻圭亚那合作共和国大使馆

电话：00592-2254297，00592-6246702（手机）

传真：00592-2259228

电邮：chinaemb_gy@mfa.gov.cn

驻乌拉圭东岸共和国大使馆

电话：00598-2-6016126/99610637（值班室）

传真：6018508

电邮：embchina@adinet.com.uy

驻苏里南共和国大使馆

电话：00597-451570,00597-451210

传真：00597-452540

电邮：chinaemb_sr@mfa.gov.cn

驻厄瓜多尔共和国大使馆

电话：00593-2-2444362

传真：00593-2-2444364

电邮：chinaemb_ec@mfa.gov.cn

驻秘鲁共和国大使馆

电话：00511-4429458/4429466，00511-990270915（手机）

传真：00511-4429467

电邮：chinaemb_pe@mfa.gov.cn

驻委内瑞拉玻利瓦尔共和国大使馆

电话：0058-212-9931171，0058-414-3669865

传真：0058-212-9935685

电邮：chinaemb_ve@mfa.gov.cn

驻欧洲大使馆

驻阿尔巴尼亚共和国大使馆

电话：00355-4-232385

传真：00355-4-233159

电邮：chinaemb_al@mfa.gov.cn

驻爱尔兰大使馆

电话：00353-1-2601119

传真：00353-1-2839938

电邮：chinaemb_ie@mfa.gov.cn

驻爱沙尼亚共和国大使馆

总机：00372-6015830/6015831

传真：00372-6015833

电邮：chinaemb@online.ee

驻奥地利共和国大使馆

电话：431-7143149

传真：431-7136816

电邮：chinaemb_at@mfa.gov.cn

驻白俄罗斯共和国大使馆

电话：00375-17-2849728

传真：00375-17-2853681

邮箱：chinaemb_by@mfa.gov.cn

驻保加利亚共和国大使馆

电话：00359-2-9733910

传真：00359-2-9711081

电邮：webmaster@chinaembassy.bg

驻比利时王国大使馆

电话：0032-27712038

传真：0032-27792895

电邮：chinaemb_bel@mfa.gov.cn

驻冰岛共和国大使馆

电话：00354-5526751/5276688/8932688（24 小时）

传真：00354-5626110

电邮：chinaemb@simnet.is

驻波兰共和国大使馆

电话：0048-22-8313836

传真：0048-22-6354211

电邮：mailbox@chinaembassy.org.pl

驻波斯尼亚和黑塞哥维那大使馆

电话：00387-33-215102/217913

传真：215108

电邮：chinaemb_ba@mfa.gov.cn

驻大不列颠及北爱尔兰联合王国大使馆

电话：0044-20-72994049/07970292561（24小时）

传真：0044-20-76362981/76365578

电邮：press@chinese-embassy.org.uk

驻丹麦王国大使馆

电话：0045-39460875/39460877

传真：0045-39625484/39460878

电邮：mail@chinaembassy.dk

驻德意志联邦共和国大使馆

电话：0049-030-27588-0

传真：0049-030-27588221

电邮：de@mofcom.gov.cn

驻俄罗斯联邦大使馆

电话：007-495-9561168，8499-7830867

传真：007-495-9561168

电邮：china_emb_ru@mfa.gov.cn

驻法兰西共和国大使馆

电话：0033–149521950

传真：0033–147205946

电邮：chinaemb_fr@mfa.gov.cn

驻芬兰共和国大使馆

电话：00358–922890110/400618582（手机）

传真：922890149/922890168

电邮：press@chinemb.fi

驻荷兰王国大使馆

电话：0031–70–613664691，3065099（值班）

传真：0031–70–3551651

电邮：chinaemb_nl@mfa.gov.cn

驻黑山大使馆

电话：00382–20–609275,00382–20–648595

传真：00382–20–609275

驻捷克共和国大使馆

电话：00420–224311323

传真：00420–224319888

电邮：chinaembassy_cz@sina.com

驻克罗地亚共和国大使馆

电话：003851-4693014/4637011（值班）

传真：003851-4637012

电邮：velekine@hotmail.com

veleposlanstvo.nr.kine1@zg.t-com.hr

驻拉脱维亚共和国大使馆

电话：00371-67357023/67357024

传真：00371-67357025

电邮：chinaemb_lv@mfa.gov.cn

驻立陶宛共和国大使馆

电话：00370-52162861/2162862/2162972

传真：00370-2162682

电邮：chinaemb_lt@mfa.gov.cn

驻卢森堡大公国大使馆

电话：00352-436991

传真：00352-422423

电邮：chinaemb_lu@mfa.gov.cn

驻罗马尼亚大使馆

电话：0040-21-2334188，21-2328858（值班）

传真：21-2330684

电邮：chinaemb_ro@mfa.gov.cn

驻马耳他共和国大使馆

电话：00356-21-384889

传真：00356-21-384889

电邮：ceim@keyworld.net

驻马其顿共和国大使馆

电话：003892-3213163

传真：3212500

电邮：chinaemb_mk@mfa.gov.cn

驻摩尔多瓦共和国大使馆

电话：00373-22-210712

传真：00373-22-295960

驻挪威王国大使馆

电话：0047-22146634/22493857

传真：0047-22921978/22921978

电邮：webmaster@chinese-embassy.no

驻葡萄牙共和国大使馆

电话：00351-21-3928430/3928436

传真：00351-21-3975632

电邮：chinaemb_pt@mfa.gov.cn

驻瑞典大使馆

电话：0046-8-57936407/57936428（值班）

传真：0046-57936403

电邮：chinaemb_se@mfa.gov.cn

驻瑞士联邦大使馆

电话：0041-31-3527333/3514593

传真：0041-31-3514573

电邮：china-embassy@bulewin.ch

驻塞尔维亚共和国大使馆

电话：00381-11-3695057

传真：00381-11-3695057

电邮：chinaemb_yu@mfa.gov.cn

驻塞浦路斯共和国大使馆

电话：00357-2-2352182

传真：00357-2-2353530

电邮：chinaemb_cy@mfa.gov.cn

驻圣马力诺共和国大使馆

电话：39-06-96524200

传真：39-06-85352891

驻斯洛伐克共和国大使馆

电话：00421-2-62803348

传真：00421-2-62804289/62804285

电邮：cinska.ambasada@gmail.com

驻斯洛文尼亚共和国大使馆

电话：00386-1-4202858/4317229

传真：00386-1-2822199,00386-1-4202859

电邮：kitajsko.veleposlanistvo@siol.net

chinaemb_si@mfa.gov.cn

驻乌克兰大使馆

电话：0038-044-2533154/2531049

传真：0038-044-2302622/2537371

电邮：chinaemb_ua@mfa.gov.cn

驻西班牙大使馆

电话：0034-915194242

传真：0034-915192035

电邮：chinaemb_es@mfa.gov.cn

驻希腊共和国大使馆

电话：0030-6973730680/6973430531

传真：0030-210-6723819

电邮：chinaemb_gr@mfa.gov.cn

驻匈牙利大使馆

电话：0036-1-4132419/4132420/4132425（值班）

传真：0036-229067

电邮：chinaemb_hu@mfa.gov.cn

驻意大利共和国大使馆

电话：39-06-96524200

传真：39-06-85352891

电邮：chinaemb_it@mfa.gov.cn

驻大洋洲大使馆

驻澳大利亚大使馆

电话：0061-2-62734780

传真：0061-2-62735848

电邮：chinaemb_au@mfa.gov.cn

驻巴布亚新几内亚独立国大使馆

电话：00675-3259836，00675-6860166（手机）

传真：00675-3258247/3254191

电邮：chnempng@daltron.com.pg

驻斐济共和国大使馆

电话：00679-3301833，00679-3300215（值班）

传真：3300950

电邮：chinaemb_fj@mfa.gov.cn

驻密克罗尼西亚联邦大使馆

电话：00691-3205575

传真：00691-3205578

电邮：chinaemb@mail.fm

驻萨摩亚大使馆

电话：00685-22474

传真：00685-21115

电邮：tce@samoa.ws

驻汤加大使馆

电话：00676-24554

传真：00676-24595

电邮：chinaemb_to@mfa.gov.cn

驻瓦努阿图共和国大使馆

电话：00678-23598

传真：00678-24877

电邮：chinaemb_vu@mfa.gov.cn

驻新西兰大使馆

电话：0064-4-4721382

传真：0064-4-4990419

电邮：info@chinaembassy.org.nz

驻非洲大使馆

驻阿尔及利亚民主人民共和国大使馆

电话：00213-21-692724/692926

传真：00213-21-693056/693082

电邮：chinaemb_dz@mfa.gov.cn

驻阿拉伯埃及共和国大使馆

电话：00202-27361219（值班），00202-27380488/0477/0466（总机）

传真：00202-27359459

电邮：webmaster_eg@mfa.gov.cn

驻埃塞俄比亚联邦民主共和国大使馆

电话：00676-3711959

传真：00676-3712457

电邮：Chinaemb_et@mfa.gov.cn

Chineseembassy@telecom.net.et

驻安哥拉共和国大使馆

电话：00244-222-441683/444658

传真：00244-222-444185

电邮：chinaemb_ao@mfa.gov.cn

驻贝宁共和国大使馆

电话：00229-21301292/21300765

传真：00229-21300841

电邮：chinaemb_bj@mfa.gov.cn

驻博茨瓦纳共和国大使馆

电话：00267-3952209，00267-74163575（值班）

传真：00267-3900156

电邮：chinaemb_bw@mfa.gov.cn

驻布隆迪共和国大使馆

电话：00257-22224307

传真：22224082

电邮：chinaemb_burundi@mfa.gov.cn

驻赤道几内亚共和国大使馆

电话：00240-333093505/333090622/222214057

传真：00240-333092381

电邮：chinaemb_gq@mfa.gov.cn

驻多哥共和国大使馆

电话：00228-2614088/2614088

传真：00228-2616370

驻厄立特里亚国大使馆

电话：00291-1-185271/185273

传真：00291-1-189361

电邮：chinaemb_er@mfa.gov.cn

驻佛得角共和国大使馆

电话：00238-2623027

传真：00238-2623047

电邮：embchinacv@hotmail.com

驻冈比亚共和国大使馆

电话 / 传真：00220-4465311

电邮：chinaemb_gm@mfa.gov.cn

驻刚果共和国大使馆

电话：00242-2811132

传真：00242-2811135

电邮：chinaemb_cg@mfa.gov.cn

驻刚果民主共和国大使馆

电话：00243-819973852

电邮：chinaemb_cd@mfa.gov.cn

驻吉布提共和国大使馆

电话：00253-352247

传真：00253-354833

电邮：chinaemb_dj@mfa.gov.cn

驻几内亚共和国大使馆

电话：00224-664006622

电邮：chinaemb_gn@mfa.gov.cn

驻几内亚比绍共和国大使馆

电话：00245-3256200

传真：00245-3256194

电邮：chinaemb_gw@mfa.gov.cn

驻加纳共和国大使馆

电话：00233-30-2780690

传真：00233-30-2763757

电邮：chinaemb_gh@mfa.gov.cn

驻加蓬共和国大使馆

电话：00241-743207/743208

传真：00241-747596

电邮：gzy@internetgabon.com

驻津巴布韦共和国大使馆

电话：00263-4-332760/332761/332762

传真：00263-4-334716

电邮：chinaemb_zw@mfa.gov.cn

驻喀麦隆共和国大使馆

电话：00237-22210083

传真：00237-22214395

电邮：chinaemb_cm@mfa.gov.cn

驻科摩罗联盟大使馆

电话：00269-3322168

传真：00269-7732866

电邮：chinaemb_km@mfa.gov.cn

驻科特迪瓦共和国大使馆

电话：00225-22437778/22437780/22437884

传真：00225-22436569

电邮：chinaemb_ci@mfa.gov.cn

驻肯尼亚共和国大使馆

电话：00254-20-2726851/2722559

传真：00254-20-2726402/2711540

电邮：chinaemb_ke@mfa.gov.cn

驻莱索托王国大使馆

电话：00266-22316521

传真：00266-22310481

电邮：prcemb@ilesotho.com

驻利比里亚共和国大使馆

电话：00231-6-555556

传真：00870-76-3667818

驻利比亚大使馆

电话：00218-21-4832914/4833193

传真：00218-21-4831877

电邮：chinaemb_ly@mfa.gov.cn

驻卢旺达共和国大使馆

电话：00250-252570843/252570845/252570849 转 166

传真：00250-570848

电邮：chinaemb_rw@mfa.gov.cn

驻马达加斯加共和国大使馆

电话：00261-20-2240129

传真：00261-20-2240215/2244529

电邮：ambchine@wanadoo.mg

驻马拉维共和国大使馆

电话：00265-1794751

传真：00265-1794752

电邮：chinaemb_mw@mfa.gov.cn

驻马里共和国大使馆

电话：00223-20213597

传真：20213443

电邮：chinaemb_ml@mfa.gov.cn

驻毛里求斯共和国大使馆

电话：00230-4674600（总机），00230-4663716（转 8001）

传真：00230-4646012

电邮：chinaemb_mu@mfa.gov.cn

驻毛里塔尼亚伊斯兰共和国大使馆

电话：00222-452-52070

传真：00222-452-52462

电邮：chinaemb_mr@mfa.gov.cn

驻摩洛哥王国大使馆

电话：212-53-7754056

传真：212-53-77757519

电邮：chinaemb_ma@mfa.gov.cn

驻莫桑比克共和国大使馆

电话：00258-21-491560，00258-21-491560-200（值班）

传真：00258-21-491196

电邮：chinaemb_mz@mfa.gov.cn

驻纳米比亚共和国大使馆

电话：00264-61-402656，811228200（手机）

传真：00264-61-402655/402659

电邮：chinaemb_na@mfa.gov.cn

驻南非共和国大使馆

电话：0027-12-4316500

传真：0027-12-3424154

电邮：reception@chinese-embassy.org.za

驻南苏丹共和国大使馆

电话：00211-912386011

电邮：chinaemb_ss@mfa.gov.cn

驻尼日尔共和国大使馆

电话：00227-20723283

传真：00227-20723285/20752851

电邮：chinaemb_ne@mfa.gov.cn

驻尼日利亚联邦共和国大使馆

电话：00234-9-4618669

传真：00234-9-4618660

电邮：chinaemb_ng@mfa.gov.cn

驻塞拉利昂共和国大使馆

手机：00232-76680775

电邮：chinaemb_sl@mfa.gov.cn

驻塞内加尔共和国大使馆

电话：00221-338647775

传真：00221-338647780

驻塞舌尔共和国大使馆

电话：00248-4671700（总机），00248-2713988（领保）

传真：00248-4266667

电邮：chinaemb_sc@mfa.gov.cn

驻苏丹共和国大使馆

电话：00249-1-83272730，00249-912300067/912137998（手机）

传真：00249-83271138

电邮：ssddssgg@yahoo.com.cn

驻索马里联邦共和国大使馆

电话：00252-617023354

电邮：chinaemb_som@mfa.gov.cn

驻坦桑尼亚联合共和国大使馆

电话：00255-22-2667475/2668064/2667475（值班）

传真：00255-2666353

电邮：chinaemb_tz@mfa.gov.cn

驻突尼斯共和国大使馆

电话：00216-71780064/98463848（手机）

传真：00216-71792631

电邮：chinaemb_tn@mfa.gov.cn

驻乌干达共和国大使馆

电话：00256-41-4-259881/236895

传真：00256-41-4-235087

电邮：chinaemb_ug@mfa.gov.cn

驻赞比亚共和国大使馆

电话：0026-211-251169

传真：0026-211-251157

电邮：chinaemb_zm@mfa.gov.cn

驻乍得共和国大使馆

电话：00235-22522949/66660009

传真：00235-22530045

电邮：chinaemb_td@mfa.gov.cn

驻中非共和国大使馆

电话：00236–21612760

传真：00236–21613183

电邮：chinaemb_cf@mfa.gov.cn

驻亚洲大使馆

驻阿富汗大使馆

电话：0093–20–2102545/2102728

传真：0093–20–2102728

电邮：chinaemb_af@mfa.gov.cn

驻阿拉伯联合酋长国大使馆

电话：09712–4434276

传真：009712–4435440/4436835

电邮：chinaemb_ae@mfa.gov.cn

驻阿拉伯叙利亚共和国大使馆

电话：00963–11–3339594

传真：00963–11–3338067

电邮：chinaemb_sy@mfa.gov.cn

驻阿曼苏丹国大使馆

电话：00968–24958000

传真：00968-24958055/24958068（领事）

电邮：chineseembassy_omn@126.com

驻阿塞拜疆共和国大使馆

电话：00994-12-4936587，00994-50-2201289（手机）

传真：00994-12-4980010

电邮：chinaemb_az@azeurotel.com

驻巴基斯坦伊斯兰共和国大使馆

电话：0092-51-8496156，0312-5508888（手机）

电邮：chinaemb_pk@mfa.gov.cn

驻巴勒斯坦国办事处

电话：00970-2-2951222

传真：00970-2-2951221

电邮：chinaemb_ps@mfa.gov.cn

驻巴林王国大使馆

电话：00973-17723093/17723800/17723900

传真：00973-17727304

电邮：chinaemb_bh@mfa.gov.cn

驻朝鲜民主主义人民共和国大使馆

电话：00850-2-3813116

传真：00850-2-3813425

电邮：chinaemb_kp@mfa.gov.cn

驻大韩民国大使馆

电话：00822-7381038

传真：00822-7381059

电邮：chinaemb_kr@mfa.gov.cn

驻东帝汶民主共和国大使馆

电话：00670-3325163/3325169，77275674/77231718（手机）

电邮：chinaemb_tp@mfa.gov.cn

驻菲律宾共和国大使馆

电话：0063-2-8443148

传真：0063-2-8452465

电邮：chinaemb_ph@mfa.gov.cn

驻格鲁吉亚大使馆

电话：0099532-252670

传真：0099532-250996

电邮：yfarm@access.sanet.ge

驻哈萨克斯坦共和国大使馆

电话：007-7172-793561

传真：007-7172-793565

电邮：chinaemb_kz@mfa.gov.cn

驻吉尔吉斯共和国大使馆

电话：00996-312-597487，0555-508066（值班）

传真：00996-312-597484

电邮：chinaemb_kg@mfa.gov.cn

驻柬埔寨王国大使馆

手机：00855-12810928/12901923

传真：00855-23-720922

电邮：chinaemb_kh@mfa.gov.cn

驻卡塔尔国大使馆

电话：00974-44934203

传真：00974-44934201

电邮：chinaemb_qa@mfa.gov.cn

驻科威特国大使馆

电话：00965-25333340

传真：00965-25333341

电邮：chinakwt@hotmail.com

chinaku@qualitynet.net

驻老挝人民民主共和国大使馆

电话：00856-21-315100

传真：00856-21-315104

电邮：chinaemb_la@mfa.gov.cn

驻黎巴嫩共和国大使馆

电话：00961-1-856133

电邮：chinaemb_lb@mfa.gov.cn

驻马尔代夫共和国大使馆

电话：00960-3010640

传真：00960-3010637

电邮：chinaemb_mdv@mfa.gov.cn

驻马来西亚大使馆

电话：00603-21411729/21447652，（012）3720197

传真：00603-21414552/21453924

电邮：chinaemb_my@mfa.gov.cn

驻蒙古国大使馆

总机：00976-11-320955/323940/311903

传真：00976-11-311943

电邮：chinaemb_mn@mfa.gov.cn

驻孟加拉人民共和国大使馆

电话：0088-02-8824862/8824164

传真：0088-02-8823004

电邮：chinaemb@bdmail.net

驻缅甸联邦共和国大使馆

电话：0095-1-221280/221281

传真：0095-1-227019

电邮：chinaemb_mm@mfa.gov.cn

驻尼泊尔联邦民主共和国大使馆

电话：977-1-4411740

传真：977-1-4414045

驻日本国大使馆

电话：0081-3-3403-3388

传真：0081-3-3403-3345

电邮：info@china-embassy.or.jp

驻沙特阿拉伯王国大使馆

电话：00966-11-4832126

传真：00966-11-2812070

电邮：chinaemb_sa@mfa.gov.cn

驻斯里兰卡大使馆

电话：94-11-2688610

传真：94-11-2693799

电邮：chinaemb_lk@mfa.gov.cn

驻塔吉克斯坦共和国大使馆

电话：00992-93-5710666

传真：00992-37-2244183

电邮：chinaemb_tj@mfa.gov.cn

驻泰王国大使馆

电话：0066-2-2457044

传真：0066-2-2468247

电邮：chinaemb_th@mfa.gov.cn

驻土耳其共和国大使馆

电话：0090-312-4360628

传真：0090-312-4464248

电邮：sgbgs@superonline.com

驻土库曼斯坦大使馆

电话：993-12488878，993-65711763（值班），993-65711769（手机）

电邮：chinaemb_tm@mfa.gov.cn

驻文莱达鲁萨兰国大使馆

电话：00673-2-334163/339609

传真：00673-2-335710/338277

电邮：embproc@brunet.bn

驻亚美尼亚共和国大使馆

电话：0037410-560067/581352

传真：0037410-545761

电邮：chiemb@arminco.com

驻乌兹别克斯坦共和国大使馆

电话：00998-71-2360851/2338088/2331396

传真：00998-71-2334735

电邮：chinaemb_uz@mfa.gov.cn

驻新加坡共和国大使馆

电话：0065-64180252/67344737

传真：0065-64793250/64795910/64792353

电邮：chinaemb_sg@mfa.gov.cn

驻也门共和国大使馆

电话：009671-275337

传真：009671-275341/275342

电邮：chinaem_ye@mfa.gov.cn

驻伊拉克共和国大使馆

电话：00964-7901912315/7901912305

电邮：chinaemb_iq@mfa.gov.cn

驻伊朗伊斯兰共和国大使馆

电话：009821-22291240/22291241

传真：009821-26118905

电邮：chinaemb_ir@mfa.gov.cn

驻以色列国大使馆

电话：00972-3-5442638/5467277，00972-3-5467251（手机）

电邮：Chinaembl@012.net.il

驻印度共和国大使馆

电话：0091-11-26112345

传真：0091-11-26885486

电邮：chinaemb_in@mfa.gov.cn

驻印度尼西亚共和国大使馆

电话：0062-21-5761037/5761039

传真：0062-21-5761038

电邮：chinaemb_id@mfa.gov.cn

驻约旦哈希姆王国大使馆

电话：00962-6-5516136

传真：00962-6-5518713

电邮：chinaemb_jo@mfa.gov.cn

驻越南社会主义共和国大使馆

电话：00844-38453736

传真：00844-38232826

电邮：chinaemb_vn@mfa.gov.cn

小提示大道理

2014 年，外交部设立了全球领事保护应急呼叫中心“12308”热线。中国公民在国外遇困难就拨它！

国外旅行受阻、与家人失去联系、被诈骗分子钻空子……如果你在国外遇到紧急情况，请拨打“0086-10-12308”按 0 再按 9 直接转人工。

附录

旅游英语对话 100 句

问候与交际

Nice to meet you. 很高兴认识你。

How are you？你好吗？

my name is...... 我叫……

May I have your name？请问你叫什么？

I come from Beijing,China. 我来自中国北京。

Of course. 当然。

I' m sorry. 对不起。

Excuse me. 劳驾，打扰一下。

I don' t know. 我不知道。

I can' t speak English. 我不懂英文。

Please say it again. 请再说一次。

Please help me. 请帮助我。

Thank you for your help. 谢谢你的帮助。

Thank you very much. 非常感谢你。

May I sit here？能够坐在这里吗？

I feel sick. 我感觉不舒服。

Please call a doctor. 请叫医生。

Is there a hospital near here？这附近有医院吗？

Is there a police station here？附近有警察局吗？

交通出行

I'm lost. 我迷路了。

Is there an airport bus to the city？这里有从机场去市中心的巴士吗？

Where is the bus stop（taxi stand）？巴士（出租车）车站在哪里？

How much does it cost to the city centre by taxi？乘计程车到市中心需要多少钱？

How long does it take to go to the city centre？到市中心需要多长时间？

Take me to this address, please. 请拉我去这个地址。

Stop here, please. 请停下来。

What time does it leave？几点发车？

Where can I buy a ticket？我可以在哪里买票？

Could you tell me when we get there？请问几点能够到达那里？

I'm in a hurry. 我时间很急。

Whom should I ask？我应该问谁？

Where is my seat？我的座位在哪里？

Where can I put my baggage？手提行李放在哪里？

How long will we stay here？ 我们在这里停留多久？

I'm in transferring to Melbourne. 我是换机去墨尔本。

How can I get to the connecting flight counter of China airlines？我如何找到中国航空公司办理转机柜台？

Where is boarding gate for China airline CA173？国航 CA173 登机口在哪里？

Where can I check in？ 在哪里办理登机手续？

What is the gate number？在几号登机口登机？

Here is my passport. 这是我的护照。

Does anyone here speak Chinese？有懂中文的工作人员吗？

Where is the bathroom？洗手间在哪里？

换汇

Can you change this into Euro？请将这些外币兑换成欧元？

I'd like some small change. 请帮我换成零钱。

酒店住宿

I would like to have a morning call at 8:00 in the morning. 我要设定早 8：00 电话叫醒。

I'd like to order room service, please. 我要食物送到房间的服务。

I'd like a room of one. 我要单人房。

I'd like a room for two with separate beds. 我要两张床的房间。

I'd like an extra bed in room 702. 我要在 702 房多加一张床。

When is checkout time？ 退房的时间是几点？

I am interested in booking a room. 我想订房。

How much is a double bed for one night？ 双人床一晚多少钱呢？

Do you have a bus service from the airport？ 有饭店的公共汽车在机场接送吗？

Could you show me to my room？ 你可以带我到我的房间吗？

Where is the emergency exit and staircase？ 紧急出口和楼梯在哪里？

Please send another blanket to my room. 请再送一条毯子到我房间。

Please bring me some ice cubes and water. 请送给我一些冰块和水。

The sheets are dirty. 床单很脏。

I'll arrive late, but please keep my reservation. 我会晚一点到，请保留所预订的房间。

I'd like a room with a nice view（a balcony）. 我想要一间视野好（有阳台）的房间。

What time does the dining room open？ 餐厅几点开始营业？

What time can I have breakfast？ 早餐几点开始供应？

Could you keep my valuables？ 是否可代为保管贵重物品？

I'd like to check out. My bill, please. 我要退房。请给我账单。

The air-conditioner（TV set, light）doesn't work. 冷气（电视、灯）没法开启。

餐厅用餐

Hi, we need a table for two, please. 你好，我们有两位。

May I have a table by the window, please？ 请给我们一个靠窗的桌子好吗?

Can I take this seat？ 我可以坐这个位子吗?

This table would be great. Thank you. 这个位子很好，谢谢。

May I have a menu, please. 请给我菜单。

Do you have a menu in Chinese？ 是否有中文菜单?

What's your special today？ 你们今天有什么特餐?

What kind of dish is most popular here？ 这里最受欢迎的餐点是什么呢?

I'd like to have some local food. 我想尝试一下当地食物。

I would like to have the same as dish thenext table. 我想和隔壁桌一样的菜。

Do you offer any set courses for party of two？ 你们有没有提供 2 个人的套餐?

May I have another fork please. 请再给我一把叉子。

Could you pass me the salt（pepper）. 请把盐（椒椒）传给我。

This is not what I ordered. 这不是我点的食物。

Some more water please. 请再帮我加些水。

May we have some more napkins？ 可以再给我们一些纸巾吗?

We could like to order some dessert now. 我们现在想点些甜点。

We’ll pay the bill. 我们要买单。

Are we supposed to leave tips here？ 我们需要付小费吗？

What type of credit cards do you accept？ 你们收哪种信用卡呢？

Thank you for your service. We have a good meal. 谢谢你的服务，我们这餐吃得很好。

购物

How much is it？ 多少钱？

Thank you,but I'm just looking. 谢谢，可是我只是看看。

Do you have this in another color？ 这个有别的颜色吗？

May I try this on？ 我可以试穿这个吗？

Is this tax free？ 这免税吗？

Can I pay by credit card？我可不可以用信用卡付账？

Too expensive. How about a discount？太贵了，打个折吧？

Can you cut me a deal？你可以便宜一点吗？

I want this, but in a large size. 我要大一点的。

I would like to take this one. 我要买这个。

Please wrap this for me. 请帮我把这个包起来。

What time do you open/close？你们几点营业 / 打烊？

Where can I change money？我能在哪里换钱？

Where is the cash desk？收银台在哪里？